Blimyers U. R. Church

Church Register of the United Reformed and Lutheran Church

called Blimyers, in Hopewell Township, York County - Vol. 8

Blimyers U. R. Church

Church Register of the United Reformed and Lutheran Church
called Blimyers, in Hopewell Township, York County - Vol. 8

ISBN/EAN: 9783337100704

Printed in Europe, USA, Canada, Australia, Japan

Cover: Foto ©Lupo / pixelio.de

More available books at **www.hansebooks.com**

Blimyers U. R. Church

Church Register of the United Reformed and Lutheran Church
called Blimyers, in Hopewell Township, York County - Vol. 8

ISBN/EAN: 9783337100704

Printed in Europe, USA, Canada, Australia, Japan

Cover: Foto ©Lupo / pixelio.de

More available books at **www.hansebooks.com**

INDEX TO PROPER NAMES

MENTIONED IN THE

PROCEEDINGS AND ADDRESSES

OF THE

Pennsylvania=German Society

VOLUMES I–VI.

PREPARED BY

DANIEL WUNDERLICH NEAD, M.D.

LANCASTER, PA.
1898.

INDEX TO PROPER NAMES.

NOTE:—The number of Surnames appearing in the following "Index to Surnames," is exactly 4,700. The number of page references given is 14,210. In addition to this, many names appear more than once on a given page, so that the total number of references will exceed 15,000.

AAR, v, 223.
ABEL, v, 170; vi, 145.
ABMEIER, iii, 203, 210.
ABRAHAM, v, 226.
ABT, v, 197.
ACKER, vi, 194, 244.
ACKERMANN, iii, 230, 234, 242, 248, 254, 260, 271, 282, 289; iv, 201, 208, 223; v, 233, 241, 244; vi, 259, 262, 267.
ADAM, iv, 109, 268; v, 153.
ADAMS, iii, 13; vi, 58, 59, 60, 61.
ADDAMS, iii, 150.
ADDIS, vi, 156.
ADOLPH, vi, 237.
AENDERLE, iv, 271.
AGASSIZ, vi, 34.
AGNEW, iv, 170.
AGRIPPA, iv, 17.
AHL, v, 175.

AKE, v, 85, 86.
ALARIC, iv, 21, 22.
ALBERT, iii, 233, 237, 244, 254, 275, 290; iv, 248; v, 166, 185, 197, 198; vi, 255, 259, 269, 270, 281.
ALBERTINI, vi, 30.
ALBRECHT, iii, 232, 255, 257, 273, 279, 286, 288; iv, 196, 197, 203, 210, 211, 233, 247, 276, 280; v, 193, 199; vi, 53, 256, 262, 263, 264, 265, 274, 278.
ALBRIGHT, i, 6, 12, 31, 82, 93; ii, 80, 129; iii, 32, 147, 150; vi, 43, 53, 94, 95, 131.
ALEDINGER, vi, 194.
ALEXANDER, vi, 261, 266, 272.
ALFERT, v, 245.
ALGER, v, 162.
ALISON, iii, 61.

(3)

ALLEBACH, vi, 150, 151.
ALLEMAN, iii, 179; vi, 221.
ALLEMANG, iv, 268.
ALLEN, iii, 38; v, 168; vi, 52, 53, 54, 61.
ALLES, vi, 124.
ALLISON, vi, 199.
ALLMAN, vi, 216.
ALLWIRTH, iii, 266.
ALMER, v, 264.
ALSOP, iv, 229.
ALSPACH, v, 220, 222, 226, 234, 238.
ALT, iii, 288; v, 228; vi, 194.
ALTDORFER, iv, 257.
ALTER, ii, 126; iv, 285, 292; v, 211.
AMBORN, vi, 180, 192, 196, 200, 206.
AMEND, v, 246, 249, 256.
AMENT, v, 200, 222, 252, 254, 259, 262.
AMHERST, vi, 55.
AMINT, vi, 272.
AMMERMAN, ii, 129.
AMMON, iii, 208.
AMPAD, v, 230.
AMYNT, vi, 275.
ANDERSON, v, 264; vi, 43, 74, 274.
ANDREAS, iii, 198; iv, 79, 195, 204, 232; v, 194.
ANDRECKEN, iii, 174.
ANDRES, iv, 248; v, 257, 258; vi, 281.
ANGEL, vi, 215.

ANGELO, iii, 106.
ANGST, iii, 235; vi, 236.
ANNE, QUEEN, ii, 60; v, 57
ANNET, vi, 278.
ANNOM, vi, 283.
ANSPACH, v, 219, 223, 230.
ANTERLE, iv, 265.
ANTES, ii, 44; iv, 65; vi, 11.
ANTHONY, iii, 280.
APFEL, iv, 205.
APP, iii, 208, 212, 217, 226, 234, 257; iv, 218, 232; v, 178, 199, 222.
APPEL, i, 31; iv, 219, 238; v, 178, 191, 196; vi, 95, 228.
ARBUCKEL, vi, 265.
ARENDORF, iv, 253.
ARMENSHON, v, 252.
ARMINIUS, iv, 21.
ARMITSHON, v, 236, 240.
ARMSTRONG, iii, 38; v, 122; vi, 58, 59.
ARNDSBERGER, iii, 196.
ARNDT, ii, 9; iii, 69, 70.
ARNOLD, iii, 114, 230, 241, 250, 259; iv, 229.
ARNSTBERGER, iv, 256.
ASCHELMAN, iv, 210.
ASTON, v, 196.
ATHERTON, vi, 43, 73.
ATHON, vi, 280.
ATILLA, iii, 133.
ATKINSON, iv, 289.
ATLEE, iii, 75, 76, 77, 78; vi, 264.
ATTCHISON, iii, 206.

Index to Proper Names. 5

ATTY, v, 261.
AUBURY, vi, 62, 63.
AUDENREID, ii, 18, 127.
AUER, iv, 287.
AUGENBAUGH, vi, 131.
AUXER, iii, 143.
AXER, iv, 275; v, 225, 231, 242, 244, 249, 253, 259.
AYERS, iv, 157.
AYRES, vi, 131.
BAADER, iii, 219, 239, 241, 244, 247, 257.
BACH, vi, 105, 156.
BACHENSTOSS, iv, 271.
BACHMAN, iv, 241; vi, 206.
BACKENSTOFF, iv, 263.
BACKENSTOSS, iv, 279, 282, 290; v, 220, 227, 233, 239, 253, 257, 264.
BACKER, vi, 167, 168, 171, 172, 174.
BACKINSTOSS, vi, 261.
BACON, iv, 135; v, 69.
BADER, iii, 264, 279; iv, 196, 254, 278, 290; v, 174, 265; vi, 251.
BAEHR, iii, 264.
BAER, i, 8, 12, 14, 18, 30, 48; ii, 125; iii, 16, 150; iv, 132, 224, 262, 265, 267, 269, 275, 277; v, 45, 46, 50, 83, 84, 85, 108, 127, 153, 174, 182, 218; vi, 92, 94, 131, 254, 261, 266, 277.
BAERENS, v, 254, 261.
BAETTER, iv, 283.

BAHR, iv, 287, 290; v, 229, 247.
BAHRT, vi, 212, 220, 225.
BAIER, iii, 197.
BAIRLE, iii, 195, 196, 204.
BAISCH, iii, 230, 236, 242.
BAKER, ii, 40; v, 127.
BALL, v, 183.
BALSPACH, iii, 265; v, 194.
BALTSPACH, iii, 264.
BAMBERGER, iii, 277, 279, 292.
BANCROFT, i, 14, 22; ii, 20; iii, 36; iv, 92; v, 91.
BÄNGLE, vi, 212.
BANGS, vi, 87.
BANKS, iv, 199.
BANNERT, vi, 242.
BARBAR, vi, 272.
BARCLAY, iv, 25.
BARD, v, 220, 259.
BARDSFILL, v, 188.
BARDT, iv, 213.
BARENTSEN, vi, 153.
BARNS, v, 181.
BARR, iv, 273.
BARRY, iii, 67.
BARSCH, iii, 220.
BARST, iv, 195.
BART, iv, 218, 220, 222, 235; v, 182, 191, 194, 200, 234, 235; vi, 252, 260.
BARTEL, v, 260, 264; vi, 258, 264, 277.
BÄRTEL, iii, 248.
BARTH, iii, 193, 202, 206, 208, 209, 213, 214, 217, 219, 224,

231, 237, 245, 251, 252, 258, 260; iv, 201; v, 229; vi, 225.
BARTHOLOMAE, iii, 227, 248, 271, 288; iv, 198; v, 187.
BARTHOLOMAEI, vi, 283.
BARTHOLOMEW, v, 224.
BARTHOLOMUE, vi, 260.
BARTON, v, 186.
BARTRAM, iv, 220; v, 95.
BARTSFILL, iv, 246; v, 179, 180, 188, 192, 195; vi, 255, 266.
BÄSCH, iii, 247, 263.
BASLER, iv, 257; vi, 188.
BASS, iv, 239.
BASSEL, vi, 185.
BAST, vi, 269.
BASTIAN, vi, 193, 206, 220, 226, 231, 235.
BASTIC, vi, 264, 270, 273.
BASTICK, vi, 254, 258, 266, 282.
BASTIE, vi, 253.
BATTEL, v, 238.
BATZ, iv, 202.
BAU, iv, 246.
BAUER, iii, 194, 249, 270, 278, 283; iv, 204, 208, 226, 238, 260, 275; v, 174, 182, 190; vi, 188, 200, 205, 217, 225, 241, 242, 243, 244, 263, 266, 270, 278.
BAUERMEISTER, iv, 245.
BAUERT, v, 228, 231.
BAUGH, vi, 156.
BAUM, iii, 212.
BAUMANN, iv, 217; v, 127; vi, 197, 220, 227.
BAUMBERGER, iv, 289.
BAUMGARTNER, vi, 181.
BAUR, iii, 220.
BAUS, v, 178.
BAUSER, iv, 253.
BAUSMAN, i, 27, 31; ii, 26; iii, 150, 220, 242, 286; iv, 264, 269, 272, 274, 275, 280, 282, 284; v, 154, 155, 182, 217, 233, 236, 238, 243, 245, 247, 250, 251, 254, 256, 258, 262, 264; vi, 131, 228, 259.
BAUSSER, iv, 267, 272.
BAXTER, iv, 227; v, 259, 263, 264; vi, 275.
BAYARD, iii, 164; vi, 65.
BAYER, iii, 227, 231, 242, 253; v, 195; vi, 180, 214, 264.
BAYERLE, iii, 205.
BAYERMEISTER, iv, 206.
BAYLEY, iv, 204.
BAYLI, vi, 198.
BEACH, vi, 269.
BEAR, ii, 125; iii, 151; iv, 279; vi, 272.
BEARD, vi, 273.
BEARY, vi, 79.
BEATTY, iv, 167.
BEAUCHAMP, v, 130.
BEAVER, i, 12; ii, 18, 122; iii, 94, 150; iv, 88, 147, 158, 165, 177; vi, 131, 143.
BECHEL, vi, 227.
BECHLER, iii, 278.
BECHT, iv, 212, 239; v, 190, 209, 212, 214, 217.

Index to Proper Names. 7

BECHTEL, iv, 65; v, 169, 175, 186, 200; vi, 11.
BECHTOLD, vi, 207.
BECK, iii, 252, 263, 273, 274, 281, 283, 289; iv, 130, 198, 224, 271, 291; v, 258; vi, 182, 202, 216, 245.
BECKEL, iv, 254; vi, 51, 59.
BECKER, i, 31; iii, 209, 221, 233, 240, 241, 251, 257, 258, 268, 271, 276, 278, 284, 292; iv, 191, 215, 244, 250, 255, 262, 263, 266, 267, 282, 284; v, 57, 192, 199, 216, 223, 230, 239, 251; vi, 186, 193, 196, 199, 202, 204, 211, 215, 216, 221, 237, 238, 240, 244, 245, 255, 256, 258, 268.
BEDALL, vi, 144.
BEETHOVEN, vi, 105.
BEHAIN, iv, 148.
BEHMÜLLER, iii, 198.
BEHNER, iii, 194; vi, 209.
BEHSLER, v, 212.
BEIDELMAN, iv, 157; vi, 131.
BEIDLEMAN, ii, 89; iii, 151.
BEIGER, iii, 209.
BEIERLE, iii, 228.
BEIERMEISTER, v, 178.
BEIL, v, 253.
BEIRLE, iii, 209.
BEIROTH, iv, 269.
BEISCH, iii, 208, 210.
BEISSEL, ii, 40, 112; v, 57.
BEITEL, i, 32.
BEITIG, v, 203.
BEITLER, vi, 193.
BEITZ, v, 206.
BEKER, iii, 243.
BELL, ii, 126; v, 207.
BELLER, iii, 209.
BELZER, iv, 238.
BENDER, iii, 187; iv, 239, 265; v, 223; vi, 179, 208, 241, 245, 265, 274.
BENEDICK, iii, 266.
BENEDICT, iii, 230, 259, 279; iv, 234; v, 183, 193; vi, 254, 266, 276.
BENEDIK, iv, 193.
BENER, iv, 264, 270, 271.
BENKEL, v, 210.
BENNET, iv, 224, 225; v, 181.
BENS, iv, 289; v, 236.
BENSEL, iv, 291.
BENSINGER, iv, 206; vi, 272.
BENTEL, iv, 261.
BENTER, vi, 188, 199.
BENTERS, vi, 187.
BENTZ, iii, 203; iv, 263, 265; v, 233.
BENTZEL, v, 209; vi, 131.
BENWALD, iii, 268.
BENZEL, iii, 275.
BEREND, vi, 215.
BERGENTHALER, vi, 236.
BERGER, vi, 195, 197, 202, 212.
BERGHOFER, vi, 177, 181.
BERGMAN, iv, 282.
BERING, v, 257.
BERKELEY, iv, 40.
BERKER, iv, 191.

BERLITZ, v, 230.
BERLITZER, v, 224.
BERNDT, i, 68; iv, 196, 202.
BERNER, vi, 204.
BERNHARD, v, 209, 219, 256.
BERNHARDT, iii, 226, 238, 276.
BERNHART, iii, 244.
BERNHAUSEL, vi, 180.
BERNITZ, vi, 283.
BERNTHEUSSEL, iii, 214, 219, 222, 229, 238.
BERRY, vi, 71.
BERTEL, iii, 272; iv, 197, 212.
BERTIES, iii, 264.
BERTJES, iii, 232, 242, 272.
BERTLE, iii, 290; iv, 204, 225.
BERTON, vi, 179.
BERTRAM, vi, 270.
BERWIT, iii, 198.
BESCH, iii, 270.
BESHLER, v, 220.
BESINGER, iii, 286, 288; iv, 191, 201, 210, 242.
BETH, v, 226.
BETTENHAUSEN, iv, 233.
BETZ, ii, 26; iii, 151, 193, 199, 206, 209, 212, 238, 246; iv, 285, 290; v, 204, 217; vi, 131.
BEVAN, v, 122.
BEUROT, iv, 227, 234.
BEUTTLER, iii, 249.
BEYER, iii, 266; iv, 220, 236; vi, 220, 246.
BEYERLE, iii, 214, 218, 233.
BEYERMEISTER, iv, 226.

BEYROTH, iv, 281; v, 205.
BIANCO, v, 122.
BIBICKHOFFER, iv, 273.
BIBIKOFFER, iv, 254.
BICK, iv, 283.
BICKEL, iii, 203.
BICKLEY, iv, 35.
BIDDLE, i, 22; v, 160.
BIEBEL, iii, 224, 229.
BIEBER, iv, 88.
BIEDERMAN, iv, 241.
BIEGEL, v, 262.
BIEGLER, iii, 272; v, 183, 190.
BIEHL, iii, 212, 232.
BIELMAYER, iii, 218.
BIER, iv, 280, 283; v, 239, 243, 247, 250, 258, 263.
BIERER, i, 32; iii, 151; vi, 131.
BIERJUN, iv, 286.
BIERMAN, iii, 151; v, 194; vi, 131.
BIERLY, iii, 151.
BIERY, v, 244.
BIETS, iv, 286.
BIGELOW, v, 115.
BIGLER, iii, 44, 94; iv, 147; v, 207.
BIGY, iv, 219, 234, 247; v, 187; vi, 255, 260, 269.
BIKEL, iii, 209.
BILLINGFELT, i, 31.
BILLMAIER, iv, 255; v, 217.
BILLMAYER, v, 227.
BILLMEIER, iii, 197; iv, 253.
BILLMEYER, iii, 207.

Index to Proper Names. 9

BILLMYER, v, 224, 231.
BILLYMYER, ii, 125.
BILMEYER, iii, 280.
BINDER, iii, 224, 228, 235; vi, 201.
BINDNAGLE, iii, 167.
BINGAMAN, v, 156.
BINGEMAN, iv, 261.
BIRGEN, vi, 186.
BIRNEY, iv, 165; vi, 146.
BISBING, vi, 242.
BISCHHOF, iii, 196; iv, 255, 257, 284.
BISSETH, iv, 211, 219.
BITNER, iv, 219; v, 221.
BITTELS, vi, 190.
BITTENGER, iv, 7, 8, 11, 158; vi, 131.
BITTINGER, ii, 129.
BITTLES, vi, 190.
BITTNER, iii, 282.
BITTS, iii, 290.
BITZ, iii, 243.
BITZBERGER, iii, 263.
BIXLER, v, 244, 247, 250, 252.
BIZ, iv, 195.
BIZBERGER, iii, 278.
BIZINGER, iii, 284.
BLACK, v, 122.
BLACKINGTON, vi, 233, 235.
BLAND, vi, 131.
BLANKENBURG, i, 32.
BLANTZ, iii, 196.
BLASSER, iv, 158; vi, 131, 179.
BLATTENBERGER, iii, 281; iv, 279; v, 184, 221, 234, 238.

BLECHERT, v, 264.
BLECKLE, vi, 246, 247, 248.
BLEILER, iv, 264.
BLEIVOR, iv, 35.
BLEOYT, vi, 243.
BLETZ, v, 219, 222, 231.
BLEYMEIER, iii, 203.
BLISS, iv, 128.
BLÖCKLE, vi, 231, 238.
BLÖCKLIN, vi, 215.]
BLUBAKER, iii, 150.
BLUEMELE, iii, 292.
BLUEMLER, iv, 202.
BLUMDER, iv, 212.
BOADICEA, vi, 87.
BOAZ, iv, 109.
BOB, iii, 292.
BOCHLER, iii, 287.
BOEHLER, iv, 62, 64, 223.
BOEHLERT, iii, 225.
BOCK, vi, 224.
BODASCHWA, vi. 243.
BOEHM, iii, 197, 203; iv, 192, 203, 214; v, 59, 254; vi, 95.
BOEHME, v, 205, 211, 212.
BÖF, vi, 192.
BOFFENMAYER, iii, 223, 227, 243, 250, 261.
BOGER, iii, 228, 235, 242, 253; vi, 214.
BOGNER, vi, 238.
BÖHLER, iv, 71.
BOHLINGER, iv, 288, 291.
BOHM, vi, 229.
BÖHME, iv, 250.
BÖHNER, iii, 242; vi, 197, 245.

BOHOMAN, v, 246.
BOLETHEEN, vi, 246.
BOLL, iv, 158; vi, 132.
BOLLMAN, i, 45; v, 262.
BOLT, vi, 212.
BOMBAUGH, iv, 164.
BOMBERGER, v, 251, 256, 262.
BOMGARDNER, vi, 86.
BOND, iii, 193; vi, 274.
BONDEL, v, 256, 259, 265; vi, 261.
BONEAUVENT, vi, 152.
BONER, iv, 267.
BONNER, vi, 212.
BONNET, iii, 207; iv, 217, 263; v, 177, 183; vi, 256.
BOONE, iv, 159; v, 90, 91, 95, 96; vi, 198.
BOOS, vi, 259.
BOOT, iv, 201, 245; v, 192; vi, 280.
BOOTH, iv, 212, 235; vi, 253.
BORCK, iii, 284; v, 213, 216, 239.
BORG, iv, 260; v, 207.
BORGEN, vi, 181.
BORHEK, vi, 132.
BORN, iv, 284, 289; v, 203, 206.
BORNS, iv, 285.
BORRMANN, iv, 202.
BORTS, vi, 229.
BORTSCH, v, 223.
BORTSFIELD, iv, 289.
BORTZ, i, 78; vi, 153.
BORTZMANN, iv, 237.

BOSS, v, 243, 247, 255, 263.
BOTT, iii, 220, 252; iv, 277, 281, 287, 290; v, 204, 208, 212, 216, 218, 237, 246, 250.
BÖTTCHER, iv, 100.
BOUGAL, iv, 226.
BOUQUET, v, 98.
BOWMAN, i, 31; ii, 25; iii, 151, 152, 176; v, 127; vi, 86, 132.
BOWND, iii, 202.
BOYER, iii, 152; iv, 178, 255, 264; v, 156, 157, 165, 166; vi, 132, 230.
BRACH, vi, 204, 211.
BRACK, iv, 252.
BRACKOMER, iv, 209.
BRADBURN, v, 260.
BRADDOCK, iv, 168.
BRADFORD, ii, 37.
BRADLEY, iv, 208; v, 253; vi, 276.
BRADY, iv, 242; v, 184, 185, 193, 195, 196.
BRANCKARDT, iv, 195.
BRAND, iv, 198, 278, 282, 286; v, 73, 74, 206, 211, 248, 253, 255, 260.
BRANDHOFER, v, 191.
BRANDOPFER, v, 187.
BRANDT, i, 31; iii, 152; vi, 232, 233.
BRANT, iv, 164, 230; vi, 131.
BRAUN, iii, 238, 241, 245, 256, 270; iv, 202, 211, 218, 226, 233, 244; v, 174, 178, 184,

188, 193, 197, 199; vi, 186, 194, 196, 208, 214, 254, 257, 262, 268, 270, 277, 281, 283.
BRECHER, iv, 269.
BRECHT, i, 31; iii, 251; iv, 261.
BRECHTEN, iv, 214.
BREDO, vi, 227.
BREESWINE, iv, 158; vi, 131.
BREHM, iii, 219, 223, 227, 237, 251, 261, 265, 272; iv, 191, 210.
BREIDENBAUGH, vi, 95.
BREITENHARDT, iv, 194, 200.
BREITENHART, iii, 285; iv, 222.
BREITENHEERT, iii, 217, 224, 232, 255, 264.
BREITENHERD, iii, 266; iv, 234; v, 185.
BREM, iii, 211.
BREMER, v, 198.
BRENEISEN, iv, 236.
BRENEISER, vi, 149, 150.
BRENEMAN, v, 162; vi, 95.
BRENINGER, vi, 182.
BRENNEISEN, iv, 199, 206, 220; v, 193; vi, 262, 274, 282.
BRENNEISS, iii, 283.
BRENNEMAN, v, 264.
BRENNER, iii, 200, 201, 207, 210, 214, 223, 231, 240, 261, 285; iv, 191, 194, 203, 218, 244, 247, 256; v, 179, 181, 185, 192, 195, 196, 197, 234; vi, 238, 253, 255, 263, 265, 266, 272, 277, 282.
BRENSIHOVER, iv, 189.
BRENSIKOBER, iii, 269.
BRENZIKOFER, iii, 277.
BRENZLER, iv, 208.
BRESSLER, iv, 276.
BRETZ, iii, 167.
BREWER, iv, 227.
BRICKENSTEIN, i, 6, 11; iii, 152.
BRICKER, i, 31; iii, 152; iv, 158, 159; vi, 131.
BRIDGE, iv, 229.
BRIDGES, iv, 221.
BRINES, iv, 205.
BRINGOLF, v, 230, 244.
BRINNEISEN, vi, 253.
BRINZICOFER, iii, 286.
BRION, vi, 248.
BRISBIN, iv, 164, 212.
BRITSCH, iv, 191.
BRITIUS, iii, 271.
BRITMEYER, vi, 72.
BRITZIUS, iii, 281; iv, 287, 288.
BROBECK, iv, 263.
BROBST, iv, 126; v, 105.
BROCK, vi, 43, 74.
BRODHEAD, vi, 43, 49, 74, 132.
BROEHM, iii, 277.
BROMBACH, iv, 275.
BROOKS, iv, 117, 242; v, 176, 181, 189, 196, 198; vi, 267, 282.
BROSIUS, i, 31.
BROTZMANN, iv, 216, 227; v, 174, 198; vi, 244, 246, 247, 248.

BROWER, iii, 152; vi, 132, 156.
BROWN, i, 31; iv, 198, 204, 224, 276, 284, 288, 290; v, 121, 122, 207, 223, 224, 236, 238, 242, 252; vi, 224, 278.
BROWNE, iii, 198.
BROWNSON, vi, 60.
BROZMAN, iv, 206.
BRUA, iii, 291; iv, 275.
BRUAH, iii, 202.
BRUBAKER, iv, 260; vi, 12.
BRUCE, v, 79.
BRUCKER, v, 228.
BRUKER, iii, 200.
BRUNCKHART, iii, 249.
BRUNER, vi, 132.
BRUNGHAR, vi, 273.
BRUNGHART, vi, 261.
BRUNHOLZ, vi, 190, 193.
BRUNKHART, iii, 237, 255.
BRUNN, vi, 182.
BRUNNER, iii, 153, 231, 236, 243, 252, 257, 268, 279, 287; iv, 159, 200, 206, 271, 272, 277, 278, 281, 283, 289; v, 204, 207, 211, 216, 232, 234, 239, 242, 243, 247, 249, 252, 255, 260, 264; vi, 132, 188, 200, 260, 271, 275.
BRUNNHOLZ, vi, 175.
BRURCKHARDT, iii, 278.
BRYAN, iv, 238; v, 199; vi, 269.
BUBACH, v, 241, 247, 258.
BUCH, iii, 198, 199, 254, 272, 283; iv, 229, 269, 274, 279, 280, 283, 284, 290; v, 204, 211, 215, 216, 219, 221, 223, 228, 231, 232, 240, 242, 243, 250, 256; vi, 215.
BUCHER, ii, 129; iii, 168, 200, 208; iv, 189, 264, 272; v, 133, 134, 137, 138, 140; vi, 94.
BUCHMAN, vi, 86.
BUCHSLER, v, 239, 242.
BUCHTEL, iii, 248.
BUCK, iv, 254, 263.
BUEHRLE, i, 6, 11, 27, 31; ii, 31, 69, 84; iii, 153; iv, 73, 96, 121, 132, 160, 161; v, 83, 84, 114; vi, 94, 132.
BUEON, v, 257, 261.
BUGEL, iii, 209.
BUHL, vi, 188, 197, 199, 211.
BÜHL, vi, 191, 225.
BUHLER, vi, 178.
BÜHLER, iv, 252.
BÜHLMAYER, iii, 223.
BUJAIN, iii, 221.
BUM, vi, 210.
BUMBERGER, vi, 260.
BUMFORD, iv, 224.
BUNN, vi, 228, 234.
BUNNER, vi, 223.
BURG, iii, 223, 230, 234, 238, 248, 255, 260; iv, 226; v, 180, 188, 194; vi, 255, 262, 274.
BURGER, iii, 212, 219, 225; iv, 257.
BURGHART, iii, 275; v, 181.
BURGIN, v, 182.
BURGK, vi, 230.
BURGOYNE, vi, 63.

Index to Proper Names. 13

BURK, iv, 237, 238; v, 174, 254; vi, 215, 275.
BURKE, vi, 282.
BURKER, iv, 272; v, 230.
BURKHALTER, ii, 44.
BURKHARD, iv, 275, 279, 283; v, 212.
BURKHARDT, iv, 268.
BURKHART, iv, 266.
BURMANN, iv, 230, 241; v, 178, 194, 253, 259; vi, 256.
BURN, v, 245.
BURNS, ii, 10; iii, 101; iv, 18, 239, 281; v, 174, 186, 213, 255, 260; vi, 261, 267, 272, 281.
BURROWS, i, 68.
BURST, iii, 282.
BUSCH, vi, 230, 235, 239.
BUSH, iv, 270, 275, 278, 283, 287, 289; v, 185, 239; vi, 220, 225.
BUSHONG, i, 31; iv, 257, 283, 291; v, 130, 216, 219, 224, 232, 244, 251, 263.
BUSKERK, vi, 238, 248.
BUSLER, iv, 252.
BUT, vi, 263.
BUTH, iv, 231.
BUTLER, iii, 38, 215; iv, 164, 227; vi, 277, 281.
BUTNER, iv, 232.
BUTS, vi, 274, 279.
BUTTERN, vi, 242.
BUTTERWECK, vi, 233.
BUTTERWERCK, vi, 226.

BUTTLER, iii, 200.
BUTTNER, v, 175.
BÜTTNER, iii, 222; iv, 65.
BÜTZER, iv, 252.
BYERLY, v, 247.
BYERS, v, 147; vi, 148.
BYRON, iv, 109.
CABELL, vi, 146.
CABOT, ii, 126.
CADWALADER, v, 161.
CADWALLADER, vi, 50.
CÆSAR, i, 37; iv, 21, 138.
CAFFENBERGER, iii, 215.
CALDER, v, 218.
CALVIN, i, 14; iii, 42; iv, 124.
CALVUS, v, 122.
CAMER, iv, 252.
CAMERON, ii, 124; v, 151.
CAMMERHOFF, ii, 120; iv, 64.
CAMP, iv, 264.
CAMPBELL, iii, 13; vi, 98, 216, 256.
CANTOR, iii, 276.
CAPP, iii, 153; iv, 162; vi, 132.
CAREW, v, 95.
CAREY, iv, 185; v, 253, 261.
CÄRGER, iii, 264.
CARL, v, 176; vi, 181, 191, 193, 194, 197, 198, 199, 200, 214.
CARLISLE, v, 242, 246.
CARLTON, iv, 223.
CARPENTER, ii, 44; v, 60, 127.
CARR, ii, 34; vi, 258.
CARRICK, iii, 164.
CARRIER, v, 179, 189, 193; vi, 253.

CARRIGAN, vi, 266, 276.
CARRIGIN, iii, 203.
CARSON, vi, 273.
CARVER, i, 15.
CASEBIER, vi, 210.
CASPAR, iv, 258.
CASSEL, iv, 124.
CASSLER, vi, 67.
CATEM, vi, 224.
CATHBERG, vi, 204.
CAUHICH, v, 206.
CAUICH, v, 212.
CAULKINS, v, 124.
CAUPAT, iv, 276, 278, 283, 284.
CAUSSE, iv, 182.
CAUTZMANN, iii, 291.
CHAMBERS, iii, 38; v, 257.
CHANNEL, vi, 216.
CHAPLAIN, v, 237.
CHAPMAN, v, 241, 250, 265; vi, 275.
CHARLES, vi, 172, 174.
CHARLES V., iv, 148.
CHARLES MARTEL, iv, 23.
CHARRET, iv, 228.
CHASE, iv, 170.
CHASTELLUX, vi, 66.
CHEPHERT, iii, 207.
CHILDS, v, 161.
CHRIST, iv, 88, 237, 247; v, 180, 193, 208, 219; vi, 43, 188, 253.
CHRISTEN, iv, 270, 291; v, 216.
CHRISTIAN, iii, 197, 204, 209, 274, 290.
CHRISTIE, iv, 228.
CHRISTLIEB, vi, 118.
CHRISTMAN, iii, 209; vi, 179.
CHRISTY, iv, 256; v, 249.
CHUONRAT, v, 125.
CLAMSON, iii, 201.
CLARK, iv, 226; v, 234, 236, 239, 242, 247, 252, 257.
CLARKE, iv, 227.
CLAUS, iii, 233, 242; vi, 200.
CLAUSER, vi, 215.
CLEM, vi, 213.
CLEMENS, iv, 265; vi, 150.
CLINTON, iii, 73, 115.
CLOVER, v, 184.
CLYDE, v, 24.
COBER, iii, 199.
COCHRAN, iii, 173, 182, 183; iv, 152, 239; v, 236.
COCKER, v, 96.
COLEMAN, vi, 126.
COLIGNY, iii, 64.
COLLINS, iv, 220; v, 218, 231.
COLUMBUS, ii, 126; iv, 39.
COMENS, vi, 208.
COMMONS, vi, 204.
CONCHLING, v, 193.
CONDIT, v, 19.
CONDORS, v, 74.
CONLY, iv, 268, 273.
CONNELY, iv, 278.
CONRAD, iii, 168; iv, 175; vi, 213, 214, 216, 222, 232, 237.
CONRIDGE, iii, 207.
CONWAY, vi, 61.
COOK, vi, 271.

Index to Proper Names. 15

COOL, iv, 258; v, 130.
COONS, v, 128, 129, 130.
COONZ, v, 130.
COOPER, iv, 291; v, 209, 223, 226, 232.
COPAT, iv, 291.
COPEINER, v, 240, 244.
CORLER, vi, 200.
CORNER, iii, 204, 205, 273, 288.
CORNPLANTER, vi, 67.
CORNWALLIS, iii, 75, 77, 78; vi, 56.
CORRELL, v, 170.
CORTES, v, 261.
COSSART, iv, 199, 207.
COTTE, v, 257.
COUCH, v, 161.
COULTER, iii, 103, 170, 172.
COUNSE, v, 128, 130.
COWHAR, v, 193.
COWICK, iv, 235; v, 173, 191.
COXE, iii, 153; v, 102, 142; vi, 15.
COYL, vi, 282.
CRAB, vi, 276.
CRAEMER, iii, 270; vi, 276.
CRAFERT, iii, 288.
CRAFFERT, iii, 275.
CRAFFORD, iii, 238; iv, 236.
CRAIG, iv, 201; v, 164.
CRAMER, v, 27.
CRÄSSMAN, vi, 178, 182.
CRATER, iii, 153; v, 83; vi, 132.
CREINER, iii, 286; iv, 202, 204.
CREISER, iii, 274.
CRESSMANN, vi, 202.
CRIDER, iv, 162; vi, 132.
CRIST, vi, 73.
CROESMAN, vi, 188, 191, 192, 196, 204, 207, 210, 215, 216, 217, 219, 220, 221, 225, 226, 232, 238.
CROESSMAN, vi, 174.
CROLL, iv, 162; v, 157, 158, 159; vi, 94, 132.
CROMWELL, iii, 290; iv, 200.
CRONBACH, iii, 203.
CRONIN, iii, 210.
CROOKS, v, 181.
CRÖSMAN, vi, 177.
CROSSMAN, vi, 172, 180, 190, 218.
CRÖSSMANN, vi, 167, 168, 178, 182.
CRÜGER, iv, 195.
CRUMRINE, i, 12; ii, 129.
CUNINGAM, vi, 233.
CUNNINGHAM, iii, 81; iv, 214, 227, 274; vi, 233.
CUNTZ, v, 126, 128, 130.
CURBAN, vi, 234.
CURRIE, vi, 187.
CURTIN, iii, 113.
CUSTER, iv, 171; vi, 216.
CUTHBERT, iv, 212.
CUYLER, v, 121.
DALFIENGER, iv, 148.
DALLAS, i, 74.
DALRYMPLE, iii, 75.
DAMBACH, iii, 194; iv, 222.
DANNBACH, iii, 196, 205, 213, 221, 226, 239, 251.

DANNER, iii, 228, 239; iv, 260,
   261, 263, 269, 271, 273; v,
   206, 217, 265.
DANNHAUSER, vi, 194.
DANTE, v, 115, 125.
DÄNY, vi, 205.
DARAN, vi, 208.
DARON, iv, 162; vi, 132.
DASCHTLER, iii, 271.
DAUBENBERGER, iii, 231.
DAUGHTY, vi, 210.
DAVID, iii, 27; iv, 109, 281; vi, 223.
DAVIES, vi, 234, 236.
DAVIS, iv, 236, 244; vi, 71, 72, 125, 148, 216, 251, 272, 277.
DAXE, v, 223.
DEAL, v, 250, 255.
DEAN, iv, 198.
DEATRICK, vi, 132.
DEBIS, v, 265.
DEBLER, iv, 211, 231; v, 212.
DEBUS, iii, 192, 201.
DEBUTTS, v, 246.
DECHANT, iii, 123.
DECK, iii, 274.
DECKER, iii, 274; iv, 195, 201, 234, 258, 259, 261, 264, 277, 281, 283, 287, 288, 291, 292; v, 205.
DEDEMER, iv, 278.
DEDIE, iv, 267, 271, 274; v, 206, 209, 211.
DEDIEU, iv, 276, 281.
DEEG, iii, 230, 240, 245.
DEFEREN, iv, 274.

DEG, iv, 270.
DE GARTEN, iv, 252.
DE HAVEN, vi, 217, 226.
DE HEISTER, iii, 73, 75, 77, 78.
DE HEVEN, vi, 244.
DEHMER, v, 264.
DEHN, iv, 216.
DEHNIG, iv, 210.
DEHNIN, iii, 270.
DEHOFF, iv, 252, 258.
DEIBER, iv, 223.
DEIBLE, iv, 271.
DEIBLER, iii, 167.
DEIS, iii, 193, 280; iv, 258.
DEISON, iv, 196.
DEITZ, vi, 263.
DE KALB, iv, 102; vi, 58.
DELANCY, iv, 276, 278, 290.
DE LA PLAIN, vi, 210.
DELBO, v, 184; vi, 254, 271.
DELITSCH, v, 158.
DELLET, v, 222, 265.
DELLINGER, vi, 280.
DELO, v, 215.
DE LONG, v, 157.
DE MORCE, iii, 267.
DEMUTH, iii, 200; iv, 256, 258, 265.
DENGER, iv, 214, 230, 248; v, 183; vi, 252, 278.
DENGLER, iii, 153.
DENIG, iv, 279, 282; v, 213, 217, 225, 228, 232.
DENNELER, iii, 215, 254.
DENNIG, iv, 232.
DENNING, iv, 166.

Index to Proper Names. 17

DENSLER, iv, 202.
DENYS, vi, 187.
DENZEL, v, 195.
DEPEW, iv, 101, 102, 110; v, 121.
DEPUE, iii, 70.
DEREDINGER, iv, 290; v, 206, 211, 218, 225. 248, 251, 254, 259, 260, 263, 265, 266.
DERFLINGER, v, 231.
DERINGER, iv, 275; v, 212.
DERR, iii, 153; v, 159, 160; vi, 132, 150.
DERRICK, v, 229.
DERRY, iv, 206.
DE SAGA, vi, 233.
DESART, vi, 252.
DESCH, iii, 285.
DESCHLER, vi, 263.
DE SCHWEINITZ, i, 8, 11, 12, 30, 32; ii, 74, 100; iii, 139, 180; iv, 49, 50, 52, 53, 72, 94; v, 42, 43, 45; vi, 37, 38, 94, 95, 103, 138, 139.
DESSAU, v, 189, 197; vi, 254, 260, 269, 281.
DE TOCQUEVILLE, iv, 107.
DETTEMER, iv, 285.
DE TÜRK, iv, 65; v, 56.
DETWEILER, iii, 286.
DETTWEILER, iii, 277.
DEVIS, iv, 258.
DEWEES, vi, 94.
DE WESE, vi, 199.
DEYS, v, 214.
DICK, iii, 269; iv, 254; v, 199.

DICKENS, v, 124; vi, 82.
DICKHAFER, v, 251.
DICKHOFER, v, 222, 233, 241, 259.
DICKHOVER, vi, 252.
DICKINSON, i, 23; iv, 75, 160.
DIEDER, iii, 289; iv, 191, 198.
DIEDERICH, iv, 196.
DIEFENDERFER, v, 255, 264; vi, 132.
DIEFFENBACH, v, 263.
DIEFFENDERFER, v, 212, 252, 259.
DIEHL, i, 31; iii, 264; v, 247, 261.
DIEL, iv, 284; v, 193, 197; vi, 247.
DIELER, v, 229.
DIEM, v, 179.
DIENST, v, 264.
DIERG, v, 240.
DIESMAN, vi, 233.
DIETER, v, 223.
DIETERICH, iv, 213.
DIETRICH, iii, 159, 160, 220; iv, 214, 241; v, 123, 175, 178, 179, 186, 188, 190, 192, 196, 198, 220, 224, 235, 242, 249; vi, 253, 256, 257, 258, 262, 263, 265, 268, 270, 276, 278, 282.
DIETZ, v, 239, 246, 256; vi, 224, 230, 258, 270, 274, 280.
DIFFENBACH, v, 240, 242, 245, 251, 256.
DIFFENDERFER, iv, 232; v, 232.

18   *The Pennsylvania-German Society.*

DIFFENDERFFER, i, 6, 7, 8, 9,
    11, 25, 27. 31, 82, 83, 93, 94;
    ii, 54; iii, 6, 16, 26, 31, 147,
    148, 153; iv, 6, 44, 49, 50,
    51, 90, 96, 154, 155; v, 33,
    37, 42, 43, 44, 45, 46, 48, 49,
    50, 51, 52, 81, 82, 83, 84, 94,
    108, 152; vi, 21, 93, 130, 132.
DIFFENDORFER, iv, 287; v,
    238, 246, 252.
DILLER, iv, 192; v, 178; vi, 95.
DILLINGER, iii, 154; vi, 132.
DIMMICK, iii, 146.
DIMSY, iv, 231.
DINGER, vi, 265.
DINGES, iv, 283.
DINTEMAN, v, 230.
DIPPEL. iii, 278; v, 207, 210.
DISMANN, vi, 243.
DISMANT, vi, 235.
DITGE, iv, 195.
DIXON, iii, 42; iv, 166.
DOBLER, iii, 265.
DOCK, ii, 39, 114; v, 179, 223,
    226, 232, 242, 246.
DODT, iv, 204.
DOEBLER, iii, 235, 287; iv, 193,
    197, 203.
DOERN, iv, 238.,
DOERR, v, 159.
DÖHM, vi, 225.
DOLINGER, iv, 254.
DÖLKER, iii, 223.
DOLL, iv, 259, 287, 291.
DOLLINGER, iv, 256.
DOMMENS, v, 204.

DONEN, vi, 211.
DOOR, v, 211.
DÖRINGER, vi, 185.
DÖRN, iv, 207, 219.
DORSCH, vi, 275.
DORWART, iv, 286; v, 205, 209,
    214, 219, 225, 228, 234, 240,
    244, 254, 257, 260.
DOSCH, iii, 215, 216, 220, 228,
    232, 236, 244, 247, 250, 258,
    262, 265, 289; iv, 190, 194.
DOUGHERDY, iii, 206.
DOUGHERTY, v, 189; vi, 263.
DOUGLASS, v, 79.
DOWN, iii, 206.
DOYLE, iv, 226.
DOZ, iv, 35.
DRACHSEL, iii, 252, 262.
DRÄUTEL, vi, 182.
DRAWBAUGH, ii, 126.
DRAYER, v, 251.
DREBERT, iv, 269.
DREHER, iii, 146, 155.
DREHRER, iv, 45.
DREIHER, v, 255.
DRESS, iii, 251.
DRESSLER, vi, 228, 233, 234,
    237.
DRESSLINGER, v, 235.
DREYER, v, 258, 264.
DRIESBACH, iii, 69.
DRIESCH, iii, 226, 234, 247.
DRIESLER, iii, 204.
DRIFFENBACH, vi, 252.
DRINCKEL, iii, 220.
DROMM, iii, 217, 222.

Index to Proper Names. 19

DRUM, iv, 190, 209, 241, 289.
DRURY, vi, 188, 189.
DRYDEN, iii, 112.
DUANE, vi, 60.
DUBBS, i, 31; iii, 155; v, 116; vi, 95.
DUBOIS, iv, 65; v, 205.
DUCHMAN, v, 145.
DUCKEYNESS, iv, 281.
DUCKNES, iv, 288.
DUERR, iv, 225; v, 173; vi, 60.
DUFFY, iv, 224; v. 151.
DU FRENE, vi, 198, 202, 203, 222.
DUGAN, iv, 236.
DUMAS, iii, 19.
DUNBAR, iii, 155; vi, 132.
DUNCKEL, iii, 193.
DUNDORE, iv, 162; vi, 132.
DUNGES, iv, 284.
DUNKEL, iv, 236, 237, 243, 246; v, 185, 189, 197, 199, 224, 226, 230, 236, 242, 252, 264, 265; vi, 266, 267.
DUNKOLL, iii, 196.
DUNLAP, v, 185, 194.
DUPLERIN, iii, 215.
DUPONCEAU, iv, 136.
DURINGER, iv, 272.
DÜRN, iv, 199.
DURR, v, 175, 179; vi, 198.
DÜRR, iv, 199; vi, 223, 230.
DÜRREN, vi, 210.
DURST, iii, 227.
DÜRST, iv, 199.

DURSTLER, v, 184.
DÜRSTLER, iii, 261; vi, 256, 263, 271, 275, 280.
DURSTMEIER, vi, 226.
DURTZENBACH, iv, 259, 274.
DYER, vi. 60.
DYLANDER, vi, 181, 187.
EARLY, iii, 167; vi, 133.
EAST, iii, 231, 240, 278; vi, 259, 267.
EBEL, iv, 190.
EBELE, vi, 217.
EBERHARD, iv, 285; vi, 191.
EBERHARDT, iv, 201.
EBERLE, iii, 228, 250, 259, 269, 281, 286; v, 248; vi, 94, 186, 266.
EBERLEIN, v, 187, 191, 236, 259.
EBERLY, i, 11.
EBERMAN, iv, 214; vi, 132.
EBERSOLE, iii, 167.
EBERT, vi, 65, 67, 202.
EBI, v, 221.
EBLI, v, 215.
EBNER, iv, 167; vi, 133.
EBY, i, 6, 11, 30; ii, 25; iii, 155; v, 127; vi, 133.
ECCELE, iii, 266.
ECKARDT, iii, 290.
ECKBREDT, vi, 240.
ECKBRET, vi, 243.
ECKEL, iv, 202, 220; v, 222.
ECKERT, i, 22; iv, 195, 202, 270, 273; v, 252, 256, 261.
ECKHART, v, 124.

ECKMANN, iv, 225, 253, 260, 270; v, 205, 216, 233, 237, 240, 241, 243, 244, 245, 248, 252, 262.
EDDER, v, 219.
EDELMANN, iii, 212, 228, 236, 259, 272; iv, 252, 282; vi, 259.
EDER, vi, 203, 211.
EDIEN, iv, 266.
EDINGER, iv, 265, 273.
EDIS, vi, 156.
EDISON, iii, 178.
EDY, iv, 291.
EGE, iii, 244; v, 88.
EGENS, iv, 227.
EGINS, iv, 216.
EGLE, i, 6, 8, 9, 11, 30, 32, 82, 93; ii, 5, 10, 72, 74, 75, 118; iii, 7, 14, 22, 31, 32, 34, 80, 81, 82, 91, 155, 191; iv, 163, 165, 166; v, 40, 48, 50, 94, 108, 137; vi, 19, 94, 132.
EHBRECHT, v, 245, 250.
EHBREIT, v, 228, 236.
EHL, v, 190, 231.
EHLER, v, 179, 188, 193, 197; vi, 279, 281.
EHLMAN, vi, 279.
EHMANN, iv, 201.
EHR, vi, 234.
EHRESMAN, iv, 266, 288, 289; v, 212, 220, 226, 233, 239, 259.
EHRHARD, iv, 260, 290.
EHRIG, iv, 197; vi, 269, 274.

EHRINGER, v, 213.
EHRISMANN, iv, 197.
EHRMANN, iv, 218, 234, 254; v, 173, 183, 195.
EHRNSDORFF, iv, 261.
EHWALD, vi, 210.
EICHELBERGER, iii, 195; iv, 206; v, 190.
EICHELBORNER, iv, 274.
EICHHOLTZ, iii, 195, 200, 207, 212, 221, 226, 264, 266, 286; iv, 189, 192, 196, 203, 231; vi, 281.
EICHHOLZ, iii, 253, 268; iv, 206, 217, 219, 239, 242; v, 176, 177, 180, 188, 198, 213, 216.
EICHOLTZ, ii, 129.
EICHOLZ, iii, 209.
EIDENEIER, v, 205, 211.
EIDENEYER, v, 22, 225.
EIKEL, iv, 193.
EILIG, vi, 243.
EISENHART, vi, 132.
EITEL, vi, 233.
EITELBERGER, v, 221.
EITENEYER, iv, 291.
EKNER, iii, 278.
EKOLF, vi, 246.
ELDER, iv, 166, 181.
ELIJAH, iv, 109.
ELIOT, iii, 135.
ELLERY, vi, 58.
ELLINGTON, iv, 235; v, 176, 184.
ELY, iv, 279.

Index to Proper Names. 21

EMER, iv, 272.
EMICH, v, 182.
EMIG, iv, 252, 254.
EMMER, v, 191.
EMMERICH, vi, 202.
ENDICOTT, iii, 40.
ENDLICH, ii, 129; iii, 101; iv, 167; v, 94, 113; vi, 94, 132.
ENDT, iv, 65.
ENEBERG, vi, 181.
ENGEL, iii, 197, 202; iv, 197.
ENGELARDT, vi, 180, 181.
ENGELMAN, iv, 261.
ENGERT, vi, 195.
ENGLE, i, 31.
ENGLEMAN, ii, 125; iii, 69.
ENTZMENGER, iii, 235.
EPLER, vi, 232.
EPPEL, iii, 209; v, 27.
EPPELE, iii, 220, 227, 236, 248; iv, 214, 228, 240, 243.
EPPELMAN, iii, 192; iv, 258.
EPPLE, iv, 237; vi, 266.
ERB, v, 156.
ERBAN, iv, 274.
ERDMAN, ii, 26; iii, 156; vi, 132.
ERENBACH, iv, 286.
ERFORT, v, 207.
ERFURT, iii, 201, 215, 243, 256; iv, 276.
ERHARD, iv, 257, 263, 265.
ERHARDT, iv, 255, 259.
ERKEBRECHT, iii, 195, 205.
ERLENBACH, iv, 266.
ERMEL, iv, 257.

ERMENTROUT, iv, 78, 80, 167; v, 6, 104, 108, 148; vi, 133.
ERNIG, iv, 257.
ERNSDORF, iv, 263.
ERNST, v, 208, 247, 255, 258, 263; vi, 182, 186, 191, 196, 203, 205.
ERNSTBERGER, iii, 207.
ERNSTDORF, iv, 257.
ERVIN, iv, 226.
ERZWEILER, iv, 257.
ESCHELMAN, vi, 265, 274, 279.
ESCHENBACH, iv, 65, 178.
ESCHENFELDER, vi, 182.
ESCHENFELDT, vi, 190.
ESHARD, vi, 214.
ESHELMAN, i, 31; vi, 94.
ESSIG, vi, 188, 195, 202, 212, 214, 224, 230, 231, 234, 237, 240, 242, 245.
ESSIN, vi, 275.
ETERS, vi, 236.
ETGE, iv, 202.
ETGEN, iii, 288; iv, 193.
ETGIN, iv, 226.
ETIE, iv, 272.
ETLER, iv, 201.   [v, 222.
ETTER, iii, 285; iv, 220, 222;
ETTWEIN, vi, 56, 59, 60, 61, 62.
ETZWEILER, iv, 259.
EUIBLY, iv, 223.
EURICH, iii, 292.
EVAN, v, 122.
EVANS, v, 193, 197, 199; vi, 218, 225, 236, 259, 262, 269.
EVE, iv, 109.

EVERET, iii, 69.
EVERHART, vi, 94.
EYDMAYER, v, 218.
EYERMAN, vi, 133.
EYSTER, iv, 167; vi, 133.
FABER, iv, 250; v, 122, 222, 227.
FACKLER, iv, 224; v, 222.
FADIN, vi, 215.
FAENNEL, iv, 202.
FAGER, vi, 133.
FAHRINGER, v, 221.
FAHRNER, iii, 196.
FALCONER, v, 124.
FALK, v, 252; vi, 181.
FALKNER, vi, 162, 165.
FARINGER, iv, 232, 244; v, 181, 187, 194; vi, 258, 265, 276, 281.
FARNER, iv, 262, 263, 267.
FARNWALD, v, 221.
FARRAGUT, iv, 129.
FARRINGER, iv, 216.
FASS, iv, 201, 210, 222; v, 175.
FATZINGER, v, 27.
FAULKNER, iv, 226.
FAUST, i, 32; iii, 156, 273; v, 176, 179, 184, 195, 196; vi, 133, 253, 256, 277, 280.
FAUTZ, vi, 269.
FEATHER, vi, 124.
FEBINGER, vi, 246.
FECHTMEYER, v, 185.
FEDDER, iv, 265.
FEDER, v, 208.   [229, 243.
FEDERHAF, iii, 220, 223, 225,

FEERER, iii, 158.
FEHDER, iii, 197.
FEHK, iv, 194.
FEHL, v, 177, 188, 191, 197; vi, 257, 266, 273.
FEHR, iv, 201.
FEIGLE, iii, 219.
FEIL, vi, 276.
FEIN, v, 159.
FEIT, iii, 264; v, 176, 180, 190; vi, 263, 265.
FELBERGER, iv, 208.
FELDBERGER, iii, 267, 273, 280, 285.
FELDMAN, iv, 268, 270, 283, 284; v, 209, 212.
FELKER, iv, 168.
FELTMAN, iv, 278.
FENCHEL, vi, 230, 234.
FENGEL, vi, 238, 240.
FENNEL, iii, 291.
FENNER, vi, 226.
FENSTERMACHER, iv, 203, 213, 228, 243; v, 216.
FENTZ, iv, 208, 222.
FENTZER, vi, 266.
FERGUSON, v, 194, 262.
FERMOY, vi, 58.
FERN, iv, 284, 289.
FERR, iv, 79.   [280.
FERRE, iv, 265, 266, 273, 277,
FERRER, v, 221.
FERRIER, iii, 213.
FERRY, v, 161.
FERS, v, 177.
FERTIG, v, 176.

Index to Proper Names. 23

FESIG, v, 259.
FESLER, iii, 200.
FETTEBERGER, vi, 275.
FETTER, iv, 269, 280; v, 249; vi, 276.
FETZER, vi, 217.
FEVEREITH, iii, 275.
FICHTNER, iv, 209, 217, 232.
FICK, iv, 182.
FICKER, v, 261.
FIEDLER, vi, 207.
FILBY, vi, 195.
FINCBEINER, vi, 247.
FINCK, iv, 253.
FINCKBEINER, vi, 247, 248.
FINCKENBEINER, vi, 245.
FINDLAY, iii, 93.
FINE, v, 159.
FINFRUCK, v, 178.
FISCHART, v, 123.
FISCHER, iii, 204, 209, 211, 215; iv, 79, 189, 195, 198, 202, 215, 224, 236; v, 9, 108, 181; vi, 252, 257, 260, 263, 269, 281.
FISHER, i, 32, 45, 48; ii, 2; 25, 28, 30, 32, 46, 66, 67, 73, 93; iii, 16, 27, 31, 32, 82, 83, 139, 147, 156, 157; iv, 7, 11, 18, 44, 50, 97, 99, 105, 106, 116, 167, 212, 230, 246, 274, 276, 288; v, 205, 211, 214, 215, 218, 220, 222, 227, 232, 242, 247, 248, 250, 252, 254, 262, 263; vi, 55, 124, 133, 204, 279, 282.

FISLER, v, 224.
FISSEL, iv, 273; vi, 255.
FISSLER, iii, 226; iv, 202, 242; v, 194, 198; vi, 278.
FLAGER, v, 223.
FLAMMING, iii, 200.
FLAUER, vi, 227.
FLEISCHER, vi, 225, 226, 231.
FLEISHER, vi, 230, 231, 232.
FLEMING, iii, 182; v, 211.
FLENTSPACH, iii, 251.
FLICK, v, 214, 218, 224, 227, 240, 243, 249, 253.
FLOHR, vi, 219.
FLOR, iii, 196.
FLORY, v, 233, 237, 242.
FLUBACHER, v, 215.
FOERCH, iv, 284.
FOERR, iii, 210.
FOGEL, vi, 133.
FOGELE, iv, 262.
FOGELI, iv, 260.
FOHS, vi, 234.
FOLK, v, 193, 194, 248, 260.
FOLSOM, vi, 60.
FOLTZ, iii, 276; iv, 287; v, 264.
FOLZ, v, 194, 198; vi, 254, 257, 260, 262, 265, 271, 274, 280, 282.
FOOKS, v, 130.
FORCH, v, 230.
FORD, iv, 233.
FORDENE, v, 236, 237, 246, 254, 258, 260, 265.
FORDINE, v, 241.

FORGISSEN, iii, 205.
FORNEY, iv, 168; vi, 93.
FORNWALD, iv, 206, 238.
FORRE, v, 174, 263.
FORREST, iii, 262.
FORRIE, v, 199.
FORRIS, v, 179, 184, 195; vi, 256, 266, 277.
FORRY, v, 257; vi, 133.
FORSCH, iii, 251.
FÖRSCH, iv, 247.
FORSTER, vi, 281.
FORTENE, iv, 257. 263, 264, 265, 268, 274, 275, 280; v, 206, 221, 225.
FORTINE, v, 229, 230.
FORTINEUX, iii, 196, 205, 206.
FORTINNENA, iii, 200.
FORTNEY, vi, 257.
FORTUNE, iv, 259, 260.
FORTUNET, iv, 259.
FOSH, v, 237.
FOSIG, v, 235.
FOSSLER, iv, 232.
FOST, vi, 247.
·FOX, iii, 42, 126, 127; iv, 25, 256, 258; v, 215, 260; vi, 12.
FRANCIS, iv, 181, 256.
FRANCISCUS, iii, 202, 205, 211, 223, 234, 240, 256, 285; iv, 191, 199, 211, 231, 264, 267, 270, 273, 277, 282, 285, 291; v, 177, 193; vi, 255, 281.
FRANCK, iii, 220, 229; v, 226, 231; vi, 179, 203, 230.

FRANCKE, iii, 204.
FRANCKFURTER, iii, 235.
FRANCKIN, vi, 209.
FRANK, iii, 195; v, 222, 263.
FRANKENBERGER, vi, 230.
FRANKFORTER, v, 218, 223, 249, 252.
FRANKFURTER, iii, 248, 259; v, 213, 230, 240, 244, 257, 263.
FRANKHOUSER, vi, 133.
FRANKLIN, i, 23, 31, 66; iii, 65, 157; iv, 108; v, 68; vi, 9, 11, 133.
FRANTZ, iii, 193, 196, 207, 209; iv, 253.
FRANZ, iii, 281, 290; iv, 201, 216, 231; v, 186.
FRAU, v, 223.
FREDERICK THE GREAT, v, 9.
FREHER, iii, 193.
FRÉHNER, iii, 260.
FRIEDEBORN, vi, 266.
FREIDLE, iv, 208.
FREILEGRATH, iv, 36.
FREITAG, vi, 259, 275.
FREN, vi, 193.
FRENER, iv, 220, 238.
FRESENIUS, vi, 162.
FREUND, vi, 237, 241.
FREY, iii, 253, 265, 271; iv, 65, 198, 205, 217, 282, 283, 288, 289, 290, 292; v, 184, 186, 204, 206, 208, 209, 210, 212, 213, 215, 217, 223, 225, 226, 227, 231, 233, 241, 242,

Index to Proper Names. 25

248, 250, 254, 255, 259, 260, 261, 263; vi, 180, 242, 260, 272.
FREYLING, iii, 199.
FREYSAGER, iv, 292.
FREYTAG, iii, 269, 283; v, 214, 217.
FRICK, iii, 217, 224, 234, 268, 281; iv, 168, 211, 225, 227, 239; v, 173, 174, 185, 191, 197; vi, 133, 156, 253, 257, 268, 274.
FRICKE, v, 178.
FRICKHOEVER, iv, 211.
FRIEDEBORN, v, 197.
FRIEDEL, iv, 193.
FRIEDLE, iv, 201, 230, 232.
FRIEDRICH, iii, 269.
FRIEMANN, vi, 197.
FRIES, vi, 68, 69, 79.
FRIETCHIE, vi, 87, 88.
FRINCKEL, iii, 205.
FRITCHIE, iv, 147.
FRITZ, iii, 195, 208, 232, 239, 259, 265, 280, 289; iv, 238; v, 186, 192, 193, 195; vi, 207, 230, 253, 263.
FRITZEL, iii, 198.
FROEHNER, iii, 271.
FROELICH, iv, 254.
FROENER, iv, 197.
FRÖHLICH, vi, 194.
FRÖHLIG, vi, 208.
FROHNER, iv, 291.
FRÖLICH, vi, 273, 282.
FRÖLIG, vi, 190.
FROSCHAN, vi, 180.
FRY, i, 30; iii, 192, 248; v, 199; vi, 133.
FRYSINGER, iv, 168; vi, 133.
FUCHS, iii, 198; v, 130; vi, 188, 193, 197, 201, 206, 209, 222, 231.
FÜHRER, iv, 169.
FUHRMANN, iii, 256, 267; vi, 181.
FULLER, vi, 222.
FÜLLER, vi, 206.
FULMER, iii, 165.
FUNCK, ii, 37; iii, 216, 281; vi, 122.
FUNFROCK, v, 183, 188, 192.
FÜNFROCK, v, 198, 200; vi, 261, 270.
FUNK, iii, 157; v, 231.
FURRAY, vi, 257.
FÜRST, vi, 274.
FÜRSTNER, vi, 227.
GABEL, iv, 285, 288; v, 206, 209, 263; vi, 207, 245.
GAENTNER, iii, 284.
GAERTNER, iv, 190, 218, 236.
GAGE, iv, 282; vi, 55.
GALACHER, iv, 229; vi, 255.
GALATIN, v, 217.
GALE, iii, 287.
GALILEO, i, 67.
GALL, iii, 280; iv, 191, 215, 231.
GALLACHER, iv, 244.
GALLADE, iv, 287.
GALLADIN, v, 231.

GALLATIN, iv, 168, 236, 257; vi, 133.
GALLOWAY, vi, 279.
GALOSKY, iv, 243; v, 176, 189, 199; vi, 262, 279.
GAMBER, iv, 276, 278, 282, 286; v, 204, 206, 211, 215, 220, 224, 230.
GANDER, iv, 276, 277, 279, 281, 288; v, 203.
GANSER, vi, 227.
GANSLE, vi, 214.
GANTACKER, v, 199.
GANTER, iv, 192, 232; vi, 260, 268, 274.
GANTHER, iv, 271, 273; v, 211.
GANTZ, v, 180.
GARBEL, iii, 221, 228.
GARBER, vi, 34.
GARDEN, iv, 213, 225.
GARDNER, iv, 290, 291.
GÄRDNER, iii, 213.
GARIBALDI, iv, 167.
GARF, iv, 279.
GARNER, iv, 225.
GARTNER, iv, 261; v, 240, 244, 248; vi, 262.
GARRISON, iii, 30; vi, 50.
GÄRTNER, iii, 257, 266, 274, 276, 287; iv, 197.
GASS, v, 197; vi, 253, 265.
GASSER, iv, 266.
GASSERT, iii, 199.
GASSINGER, vi, 218, 221.
GASSNER, v, 187.
GATES, vi, 57, 58, 61, 63.

GAUER, vi, 196, 201, 202.
GAUFF, vi, 43.
GAUGLER, vi, 196, 202.
GAUSS, vi, 225.
GAYDE, v, 213.
GEARY, iii, 94.
GEBEL, iii, 273, 292; iv, 191, 192, 197, 202, 234, 236, 248; v, 179, 186, 194, 200; vi, 186, 200, 205, 233, 262, 269.
GEBERT, vi, 180, 181.
GEBHARD, v, 177, 183, 193, 198; vi, 192.
GEBHARDT, iii, 268.
GEBHART, vi, 192.
GEELER, vi, 224.
GEELWICHS, vi, 181.
GEETY, v, 252, 255, 256, 259, 260.
GEHLER, iv, 245.
GEHR, ii, 9; iv, 86, 87.
GEHRHARDT, iii, 273.
GEHRLINGER, iii, 279.
GEIDER, iv, 203.
GEIER, iii, 288; iv, 192.
GEIGER, iii, 194, 195, 204, 208, 213, 216, 222, 228, 232, 238, 245, 248, 288; iv, 195, 204, 212, 231, 255, 256, 261; vi, 189, 203, 211, 214, 273.
GEISE, iv, 261; vi, 133.
GEISS, iii, 278; iv, 168, 223, 230; v, 181, 194; vi, 230, 252, 266.
GEISSE, iii, 228.
GEISSER, iv, 226.

Index to Proper Names. 27

GEIST, i, 29, 31; vi, 93, 231.
GELBACH, iv, 276, 281.
GELBERT, iv, 257.
GEMBERLING, v, 230, 238.
GEN, v, 224.
GENNER, iv, 265.
GENNET, v, 220.
GENSEL, v, 186.
GENSEMER, iv, 286, 291; v, 208, 217, 229, 241, 243, 245, 249.
GENSIMER, v, 253, 259, 260, 265.
GENSINGER, v, 221.
GENTHER, iv, 268.
GENZLER, iv, 190.
GEORG, iii, 271, 280, 289; vi, 211, 283.
GEORGE, v, 213, 217; vi, 267, 276.
GEORGE II., iv, 126.
GEORGE III., vi, 48, 75.
GEORGE (DUKE), iii, 131.
GERARD, vi, 62.
GERBER, vi, 190, 194, 200, 210, 217, 230, 236, 239, 241, 244, 280.
GERBERICH, iii, 157.
GERES, vi, 189, 193.
GERHARD, vi, 237.
GERHARDT, vi, 179, 180.
GERHART, i, 31; vi, 94.
GERICKE, iv, 243.
GERIERE, v, 210.
GERINGER, iv, 276; v, 203; vi, 231.

GERLACH, iv, 277, 279, 292; v, 209, 213, 239, 243, 246, 250, 253, 258, 260, 265.
GERLACHER, v, 256.
GERLITZ, iv, 241, 244; v, 194; vi, 261, 266, 276.
GERM, v, 211.
GERMAN, iii, 123, 222, 228.
GEROCK, iii, 212, 223, 227, 232.
GERORK, iii, 217.
GERSTENMEYER, vi, 233.
GERTEL, v, 225.
GESELL, iv, 193, 198.
GESLER, v, 226.
GESSLER, iv, 287, 291; v, 205, 214, 216, 219, 228.
GESSNER, iv, 186.
GERN, iii, 223, 269, 277; iv, 276, 280; v, 232.
GETTER, vi, 229.
GETTERER, vi, 232.
GETZ, iv, 264, 272, 276, 277, 279, 282, 283, 284, 288, 290, 291; v, 205, 208, 213, 215, 217, 222, 225, 226, 227, 233, 235, 240, 244, 245, 255, 259, 264.
GEYDLINGER, iii, 246.
GEYER, iv, 260, 276, 281, 292; v, 208.
GIBBONS, iv, 247.
GIBSON, iii, 200, 205; iv, 158.
GIDI, v, 215.
GIEBLER, vi, 205.
GIESINGER, iv, 235.
GIETE, v, 214.

GILBERT, iii, 69, 203, 206, 209; v, 158, 181; vi, 206, 207.
GILLAN, iv, 169; vi, 133.
GILLAND, iv, 218, 232; v, 182; vi, 269.
GILMORE, vi, 276.
GIMPER, v, 251.
GINGERICH, v, 175, 179; vi, 268, 277.
GINSEL, vi, 257.
GIPS, v, 197; vi, 262, 269.
GITCH, iv, 269.
GLADYS, iv, 255.
GLASER, iii, 250, 255, 262, 280; iv, 211, 226; v, 183, 197; vi, 252.
GLASS, iii, 258.
GLASSER, iv, 260.
GLATZ, i, 32, 82, 93, 94; iii, 82, 148, 157; iv, 155; v, 144, 212; vi, 258, 264, 267, 274, 275, 283.
GLAZ, iii, 277; iv, 197.
GLEIM, v, 215; vi, 256.
GLEIS, v, 237.
GLEITZ, v, 183.
GLEN, vi, 267.
GLESSNER, iv, 99, 169; vi, 133.
GLONINGER, v, 237, 243, 251, 257; vi, 142, 257.
GLOVER, iii, 201; vi, 258, 259.
GLUND, iv, 253.
GMALIN, vi, 229.
GMELIN, vi, 200, 210, 226, 232.
GOBEL, iv, 265, 270, 279, 280, 282.

GÖBEL, iii, 251.
GÖBER, iii, 245.
GOBIN, ii, 26, 122; iii, 112, 157; iv, 169; v, 50, 152; vi, 133.
GOBLE, iv, 277.
GOBRE, iv, 275.
GOCHNAT, iii, 214.
GODFREY, v, 56.
GOEBEL, iii, 198; v, 205.
GOEHLER, iii, 254.
GOEPP, vi, 74.
GOERINGER, iv, 278, 283.
GOERLITZ, iv, 222, 236.
GOETHE, iv, 36; v, 114.
GOETJE, vi, 49.
GOETTIG, iii, 268.
GONDER, v, 238.
GOETZ, iii, 199; iv, 244.
GOLDSMITH, iii, 135.
GONSALES, iii, 70.
GONTER, v, 265.
GOOD, iii, 157; iv, 253, 255, 258; v, 237, 241; vi, 133.
GOODHART, v, 167, 250, 253.
GOODHER, v, 259.
GOODMAN, v, 230.
GOODY, v, 244.
GORDNER, v, 238.
GORDON, iii, 69, 70; iv, 242; vi, 151, 166, 168, 171, 172, 173, 174, 256, 277.
GORGAS, ii, 26; iii, 157, 158; vi, 133.
GORGENS, v, 176.
GORINGER, iv, 280.

Index to Proper Names. 29

GORNER, iv, 252, 254, 256, 275, 279, 290.
GOROI, iv, 288.
GORTNER, v, 175.
GOSLAR, iii, 197.
GOSSLAR, iii, 203, 208.
GOSSLER, v, 235.
GÖTHER, vi, 243.
GOTTSCHALCK, iii, 211.
GOTTSCHALL, iii, 203, 217, 223, 228, 238, 247, 256; iv, 206, 216, 224, 231, 233, 240, 245; v, 175, 176, 178, 181, 187, 196; vi, 262.
GOTTWALD, iii, 235, 245, 263; vi, 243.
GOTWALD, vi, 95.
GÖTZ, vi, 253, 256, 262, 277.
GRAAF, ii, 9; vi, 231.
GRABING, v, 255.
GRACE, vi, 257, 263, 272.
GRADY, v, 261.
GRACE, iv, 241; v, 174, 182, 190, 200.
GRACKO, iv, 238.
GRAFF, iii, 225, 246, 249; iv, 257, 268, 274, 277, 279, 280, 283, 285, 288, 292; v, 207, 213, 215, 217, 219, 243; vi, 193.
GRÄF, vi, 192.
GRAFFERT, v, 227.
GRAFFORT, iv, 272, 274, 278, 282, 287, 291; v, 209, 213, 222.
GRAFT, v, 223.
GRAIG, vi, 272.
GRAM, iv, 219; v, 236.
GRANER, v, 177, 182.
GRANLY, iii, 292.
GRANT, iii, 75, 77, 78, 80, 177; iv, 174; v, 94.
GRASER, iii, 211.
GRASKO, v, 175.
GRASMACHER, iv, 237.
GRASMAHER, v, 175.
GRASMÄHER, iv, 244.
GRASMER, v, 226.
GRASMETER, v, 222.
GRASSER, iii, 203.
GRASTNER, vi, 232.
GRATER, v, 174.
GRAU, iv, 221, 228, 233.
GRAUL, v, 259.
GRAUTLER, iv, 273.
GRAVENSON, vi, 54.
GRAY, iii, 170; iv, 234, 267; vi, 35, 282.
GREBING, vi, 280.
GREEN, iv, 166; vi, 58, 73.
GREENE, iii, 74; vi, 61.
GREENLY, iv, 219; vi, 275.
GREENWALD, iii, 192.
GREESON, iv, 211.
GREIDER, iii, 176.
GREINER, iii, 234, 243, 275; iv, 218, 222, 230, 235, 244; v, 180.
GREISINGER, iii, 245; iv, 207.
GREISS, v, 159.
GRESSEMER, iii, 69.
GREUNER, iii, 206.

GREYBILL, v, 127.
GRIDER, vi, 43, 74.
GRIER, v, 264.
GRIESENGER, iv, 222.
GRIESINGER, iii, 231, 236, 254, 277, 286; iv, 203, 292; v, 187, 196.
GRIESSINGER, iv, 237.
GRIFFITH, v, 224.
GRIMES, v, 227, 230, 236, 240, 246.
GRIMM, v, 72; vi, 142.
GRISLER, iv, 254.
GRIST, v, 212.
GROB, i, 32; iii, 158; iv, 246; v, 209, 213, 214, 215, 217, 218, 219, 222, 223, 231, 234, 239, 242, 247, 250, 257, 265; vi, 133, 155.
GROENER, 198.
GROFF, iii, 265.
GROH, iii, 273.
GROHNER, iv, 288.
GROS, v, 230.
GROSCH, iv, 284.
GROSCHEN, iv, 270.
GROSCUP, iv, 87.
GROSH, iv, 280.
GROSHER, iv, 266.
GROSKOPF, iii, 249.
GROSS, iii, 194, 198, 209, 213, 242, 255, 262, 263, 266, 269, 275, 279, 286, 292; iv, 79, 147, 169, 197, 258; v, 116, 146, 196; vi, 94, 133, 134, 186, 255, 264, 274.

GROSSMAN, vi, 205, 212.
GROVE, iii, 251.
GRUB, iv, 203, 267, 277, 278, 292; v, 161, 205, 210, 225, 229, 231, 232, 245, 247, 248, 257, 259, 262, 263; vi, 155, 256.
GRUBER, iii, 289; iv, 65; vi, 95, 124, 210.
GRUENER, iii, 196.
GRUMBACHER, vi, 156.
GRUMBINE, i, 6, 11, 31, 32, 69, 82, 93, 94; ii, 55, 63, 65, 71; iii, 22, 61, 136, 147, 148, 158; iv, 50, 72, 96, 154, 155, 169; v, 33, 45, 152; vi, 82, 98, 130, 134.
GRÜN, iii, 221, 227, 272.
GRÜNAU, vi, 258.
GRUND, iii, 208; iv, 267.
GRUNLY, vi, 272.
GRUYS, iii, 227, 238.
GUDY, iv, 290; v, 204.
GUEDY, v, 206.
GUIDO, iv, 17.
GÜLDE, vi, 212, 233.
GULDIN, iv, 89.
GULDY, vi, 218.
GUMP, vi, 264.
GUMPF, iii, 237, 243, 257; iv, 244; v, 173, 177, 185, 198; vi, 256, 270, 276.
GUNFACKER, v, 259.
GUNKEL, iv, 260.
GUNKLIN, v, 191.
GÜNSEL, v, 196; vi, 256.

Index to Proper Names.   31

GUNSETTE, v, 156.
GUNTACKER, iii, 205, 210; v, 178; vi, 256, 265, 276, 279.
GUNTAKER, iii, 202, 213, 219, 225, 229, 233, 238, 247, 257; v, 190.
GÜNTER, vi, 195.
GUNTHER, iii, 209; iv, 263, 265.
GÜNTHER, iii, 198, 202, 244, 253; iv, 253; vi, 253.
GUOTH, iii, 224, 228, 231, 237, 242.
GURIER, iv, 288.
GÜRMLE, iii, 252.
GUSMAN, v, 200; vi, 268.
GUSS, ii, 122.
GUSSMAN, iii, 216, 222, 229, 243, 251.
GUT, v, 197; vi, 232.
GUTBRODT, vi, 195, 196.
GUTH, iii, 208, 223, 245, 255; vi, 186, 237, 242.
GUTHARD, v, 221.
GUTHERR, v, 227, 245.
GUTTRY, iii, 201.
GUTY, iv, 286.
GUTZLAFF, iii, 156.
GWIN, iii, 204.
GYDI, v, 208.
GYPS, v, 180.
HAAG, iii, 270.
HAARBACH, vi, 233.
HAARDT, iii, 228, 230, 234, 279.
HAART, iii, 213, 220, 239, 245, 248, 258.

HAAS, iv, 269, 272; v, 190, 197; vi, 181, 182, 191, 193, 196, 199, 202, 204, 206, 207, 220, 224, 231, 232, 240, 242.
HABERMAN, vi, 190.
HABERSTICH, iii, 266.
HABERSTICK, iii, 193; iv, 272, 273, 277; v, 233, 237, 240, 248, 249, 251, 260.
HACK, iv, 257.
HACKENBERGER, v, 249, 252, 265.
HAEBERLE, v, 173.
HAEHN, iv, 198, 216, 230.
HAEHNS, iii, 289; iv, 191, 201.
HAENDEL, vi, 105.
HAENGEL, iii, 221.
HAENIN, iii, 264.
HAENS, iv, 245.
HAERTLY, v, 179.
HAEUSELE, iii, 220, 226, 233; iv, 198, 203, 206, 220, 233, 244.
HAEUSSELE, iii, 248.
HAEUSLE, v, 178.
HAFKEN, v, 260.
HAGE, iv, 79.
HAGENBERGER, v, 259.
HAGER, iv, 276; v, 242.
HAGH, vi, 196.
HAGINTOGLER, iv, 217.
HAHN, iii, 282, 287; iv, 192, 199, 229; v, 175, 184.
HAINES, iv, 170; vi, 134.
HAINS, v, 176, 177; vi, 267.
HAKE, ii, 26; iii, 159; vi, 134.

HALBRUNNER, v, 254.
HALDEMAN, ii, 125; v, 160, 161, 162; vi, 33, 34, 95, 102, 103, 134.
HALDERMAN, vi, 156.
HALDIMAND, v, 162.
HALEBACH, v, 261.
HALIBURTON, iv, 210, 219.
HALL, iii, 199; iv, 206, 226, 291; v, 145, 204; vi, 58.
HALLEBACH, vi, 272.
HALLMAN, vi, 186.
HALM, v, 203, 209.
HALTER, v, 218.
HAMBRECHT, iii, 193, 196, 218; iv, 199, 207, 222, 228, 238, 239, 246, 253; v, 174, 181, 182, 183; vi, 187, 190, 193, 204, 255.
HAMBRIGHT, v, 193, 261; vi, 251, 263, 267, 270.
HAMER, iv, 291; v, 204, 206.
HAMERSTON, iv, 229.
HAMILTON, iv, 212; v, 185, 238, 256.
HAMMACHER, iv, 257, 283, 286.
HAMMAN, v, 175.
HAMMER, iii, 264; v, 212.
HAMPF, iv, 196.
HÄMPFLIN, vi, 275.
HAMPTON, vi, 71.
HAMRICH, iv, 252.
HANCHER, v, 157.
HANCOCK, vi, 59, 60, 61.
HANIN, vi, 215.
HANN, iv, 275, 279.

HANNA, vi, 278.
HANOLD, v, 162, 163, 164; vi, 134.
HANS, v, 182.
HANTON, vi, 199.
HARBACH, iv, 264.
HARBAUGH, i, 45, 76; ii, 10, 129; iii, 138, 156, 157, 164; iv, 101, 106, 170; v, 9, 69, 114, 115, 131, 135; vi, 87, 95, 134, 230.
HARD, v, 235.
HARDESTEIN, vi, 185.
HARDIE, ii, 40.
HARDMAN, v, 215.
HARDT, iii, 262, 276, 287; iv, 192; vi, 214.
HARDY, iv, 197; vi, 11.
HARE, vi, 252.
HARGELROTH, v, 209.
HARK, i, 6, 11, 27, 29, 30, 82, 83, 93, 94; ii, 27, 31, 64, 65, 66, 69, 73, 89; iii, 6, 16, 82, 147, 148, 158, 191; iv, 6, 44, 49, 101, 105, 119, 120, 153, 154, 155; v, 6, 43, 51, 52, 152; vi, 76, 94, 95, 102, 130, 134.
HARKENSTEIN, vi, 232.
HARLAN, iv, iii.
HARNETT, vi, 60.
HARNISH, iv, 275.
HARP, iv, 211.
HARRIS, v, 113, 224; vi, 102.
HARRISON, iv, 174, 197; v, 238; vi, 60, 282.

Index to Proper Names. 33

HART, iv, 209; vi, 34, 215, 225, 243.
HARTENSTEIN, vi, 190, 203, 215, 223, 236.
HARTER, vi, 134.
HARTING, iii, 199.
HARTLE, v, 189.
HARTLEIN, vi, 237.
HARTLY, vi, 206.
HARTMAN, iii, 69, 207, 218, 249, 257; iv, 79, 235, 238, 262, 264, 267, 273, 275, 281, 283, 287, 290, 291; v, 98, 219, 223, 226, 227, 228, 234, 236, 240; vi, 86, 134, 214, 258.
HARTMAYER, iii, 261.
HARTNAGEL, vi, 90.
HARTRANFT, i, 68; ii, 122; iii, 44, 94; iv, 147.
HARTSCH, iii, 210.
HARTWICK, vi, 237.
HASELBECKER, iv, 272.
HASIS, iii, 212.
HASLET, vi, 51.
HASSE, vi, 61.
HASSELBACH, iv, 222, 231, 244; v, 189; vi, 252, 260, 267, 276.
HASSENCLEVER, ii, 9.
HASSENKLEVER, iv, 35.
HASSLER, i, 31, 44; v, 182.
HASTINGS, iii, 206.
HATFIELD, v. 137.
HATHAWAY, iv, 182.
HATTON, vi, 269.

HATZ, iv, 291; v. 209, 211, 221, 227, 257, 261.
HAUB, v. 190.
HAUBENDOBLER, v, 220, 226.
HAUBENDUBLER, v. 218.
HAUBENTOBLER, iv, 238, 243; v, 186, 187, 191; vi, 261, 281.
HAUBERT, vi, 214.
HAUCH, vi, 208.
HAUCK, v, 213.
HAUENDOBLER, iv, 278; v, 208, 211, 228, 245, 256, 258.
HAUENDUBLER, v, 215, 247.
HAUENDUPLER, v. 236.
HAUENOBLER, v. 211.
HAUER, iii, 222, 229, 240, 245; iv, 198, 278, 280, 285, 289; v. 193.
HAUGENDOBLER, iv, 266, 271, 283; v. 221.
HAUGENDUBLER, v, 216.
HAUKENDUBLER, iii, 209.
HAUN, iii, 259.
HAUPT, vi, 193, 198, 227.
HAUR, vi, 214.
HAUSE, iii, 158; vi, 144, 145.
HAUSEGGER, ii, 122.
HAUSER, iii, 284; iv, 274, 275, 282; v, 242, 243, 256, 262.
HAUSFRAU, vi, 177.
HAUSLE, v, 189.
HÄUSLE, vi, 253, 258, 264, 270, 272.
HAÜSSELE, iii, 210.
HAUSSER, iv, 268, 271.

HAUSSMANN, iii, 229.
HAUSSUM, vi, 259.
HAUTZ, iv, 170; vi, 134.
HAVERSTICK, iv, 258; v, 244, 252, 260, 264.
HAWKINS, v, 124.
HAY, ii, 9; iii, 69; iv, 290.
HAYDE, iii, 214, 224, 240, 252.
HAYDEN, iii, 158, 170; vi, 134, 144, 145, 147, 148, 149.
HAYDN, vi, 105.
HAYES, iv, 170; v, 246.
HAYWOOD, vi, 281.
HAZ, iii, 274.
HAZLITT, vi, 50.
HEAN, i, 31.
HEBEL, iv, 237; v, 191; vi, 255, 280.
HEBELMANN, iv, 211; vi, 253.
HEBERLING, iv, 271.
HECHT, iv, 170; v, 146, 147.
HECK, iv, 193, 233, 248; v, 191, 219, 265; vi, 255, 273.
HECKENSCHWIELER, iv, 215.
HECKERSWEILER, iv, 288.
HECKESWEILER, iv, 267.
HECKETSWEILER, iv, 284.
HECKEWELDER, ii, 121; iv, 64.
HECKITSWYLER, iv, 277, 279.
HECKMAN, i, 30; ii, 5, 31, 70, 71, 73; iii, 61, 80, 81, 82, 160; iv, 51, 52, 97, 97, 154; v, 5, 13, 132; vi, 5, 110, 134, 135, 188, 191, 213.
HEDDERLING, vi, 191, 196.
HEEBNER, vi, 12.
HEERD, vi, 251.
HEFELBAUER, iii, 207, 211; vi, 199.
HEFER, iii, 288.
HEFFENSTEIN, v, 216, 219.
HEGEL, i, 41; iv, 14, 15.
HEGER, iv, 200, 223, 235, 246, 286; v, 178, 187; vi, 255.
HEHMET, iv, 215.
HEHNS, iii, 266.
HEIDE, iii, 197, 204.
HEIGELMAN, vi, 261, 271, 272.
HEIGER, vi, 167, 168, 171, 172, 174.
HEIGES, iv, 170; vi, 134.
HEIL, iii, 208, 268, 280, 287; v, 188; vi, 251.
HEILBRONNER, iii, 255.
HEILBRUNNER, v, 184, 188; vi, 254, 262, 271, 280.
HEILIG, vi, 248.
HEILIGER, iv, 258.
HEILMAN, i, 11, 31; iii, 82, 159; vi, 134, 141, 142, 143, 144, 181, 182, 183, 185, 186, 187, 191, 192, 194, 196, 199, 201, 202, 203, 204, 205, 207, 209, 210, 211, 215, 217, 220, 222, 223, 226, 228, 231, 238.
HEIM, vi, 178, 195, 224.
HEINCKEL, iii, 229; v, 235.
HEINDEL, vi, 134.
HEINE, iii, 135; iv, 36.
HEINEMAN, vi, 216.
HEINITSCH, iv, 236, 245; v, 179, 187, 198; vi, 277.

Index to Proper Names. 35

HEINITZ, iv, 227; vi, 263.
HEINKEL, iii, 238; iv, 241, 242;
  v, 176, 179, 180, 181, 183,
  189, 193, 195; vi, 254, 255,
  261, 263, 269, 275.
HEINRICH, iii, 171, 252, 257,
  259, 281, 285, 286; iv, 195;
  200; vi, 189, 190, 193, 201,
  208, 209, 212.
HEINRICHS, vi, 188.
HEINRICK, v, 124.
HEINS, iii, 221, 283; v, 189;
  vi, 268.
HEINTZLEMAN, ii, 122.
HEINWIG, vi, 263.
HEINZ, iii, 283; v, 123, 124,
  129.
HEINZELMAN, vi, 214.
HEISER, v, 253; vi, 188, 196,
  204, 214, 222, 241.
HEISINGER, v, 244, 252.
HEISS, iii, 269, 282; iv, 198,
  206, 217, 225; v, 176, 182,
  188, 194, 195, 222; vi, 255,
  263, 272, 280.
HEISSE, iii, 231.
HEISSINGER, iv, 235; v, 183;
  vi, 271.
HEISTER, vi, 205.
HEITEL, iv, 263.
HEITER, vi, 188, 191, 192, 195,
  196, 199, 208.
HEITS, vi, 265.
HEKINS, iii, 197.
HELD, vi, 201, 202.
HELEMAN, v, 214.

HELEN, iv, 138.
HELFENSTEIN, iv, 250; vi, 145.
HELFER, vi, 90.
HELFRICH, iv, 89.   [134.
HELLER, iv, 170; v, 196; vi,
HELLMAN, v, 204, 207, 238.
HELLYER, vi, 218.
HELM, iii, 249; vi, 234, 235.
HELMAN, v, 262.
HELMUTH, iii, 192, 283, 289;
  iv, 193, 199, 274; v, 59.
HELSCHWEILER, iv, 264.
HELSHER, v, 230, 236.
HELTZEL, v, 263.
HEN, iv, 269, 288.
HENCKEL, iii, 273; iv, 289.
HENCKERNER, iv, 273.
HENDEL, iv, 250, 258, 290,
  292; v, 227, 230, 234, 240,
  264.
HENDERSHUT, vi, 227.
HENDERSON, vi, 281.
HENDRICKS, iv, 219.
HENEBERGER, iv, 258; v, 229.
HENNEBERGER, iv, 292; v, 233,
  238, 239, 253.
HENNELBERGER, v, 225.
HENNIGHAUSEN, iv, 42, 43, 91,
  94.
HENNING, iv, 257.
HENNINGER, iv, 230.
HENRICH, iii, 243; iv, 217, 221;
  vi, 223, 228.
HENRY, iii, 171; iv, 253, 263,
  267, 269; v, 258, 265; vi,
  126, 262.

HENRY VIII., iv, 110.
HENS, iii, 267.
HENSEL, iii, 143, 160; iv, 202, 214, 215, 230, 235, 246; v, 187, 196; vi, 134, 258, 269.
HENSINGER, iv, 247.
HENZ, vi, 256.
HEPP, i, 31.
HEPPLER, vi, 245, 247.
HERBACH, iii, 156; iv, 168.
HERBST, vi, 274, 277, 279.
HERCHELROTH, v, 205.
HERGETH, iv, 260.
HERGUT, iv, 220.
HERKESCHWELLER, iv, 200.
HERKIMER, i, 44.
HERLEMANN, vi, 182, 194.
HERMAN, iii, 123, 208, 258, 274, 282; iv, 21, 269, 273, 280, 291; v, 188, 204, 212, 222, 229, 230, 265; vi, 80, 134, 167, 168, 171, 172, 174, 221, 234, 262.
HERMES, v, 240.
HERMON, iv, 170.
HERPEL, vi, 197, 220, 241, 245, 247.
HERR, i, 31; v, 245; vi, 12, 135, 257.
HERRGUTH, iv, 200.
HERRMANN, iii, 204, 216, 222; iv, 289.
HERRSCHY, iii, 160.
HERSHBERGER, v, 225. [134.
HERSHEY, i, 31; iii, 160; vi,
HERT, vi, 273.
HERTER, vi, 275.
HERTLE, vi, 223.
HERTLEIN, vi, 232.
HERTZ, i, 31; iii, 160; iv, 170; vi, 134.
HERTZOG, iv, 253.
HERWEGH, iv, 36.
HERZER, iv, 269.
HERZOG, iv, 255, 257.
HESLET, v, 210.
HESS, i, 8, 12, 31, 32, 82, 93, 94; iii, 147, 148, 160, 195, 204, 207, 213, 216, 229, 240; iv, 155, 191, 201, 203, 205, 212, 221, 234, 242; v, 175, 177, 183, 217, 224, 241, 263; vi, 134.
HESSER, vi, 236.
HETZ, v, 262.
HEWN, iii, 273.
HEUSS, iii, 204.
HEVEN, vi, 208.
HEWERSTICK, v, 254.
HEYDRICH, vi, 12.
HEYDRICK, ii, 129; iii, 160; vi, 94, 134.
HEYERWALD, vi, 264.
HEYL, iii, 226, 232, 239.
HEYLMANN, vi, 178, 180, 181, 209.
HIBROUCK, iii, 278.
HIEL, iii, 269.
HIESTER, i, 22, 30, 67; ii, 15, 26, 44, 122; iii, 44, 46, 92, 93, 161; iv, 147; v, 9, 162, 163, 164, 229; vi, 135.

Index to Proper Names. 37

HIGBEE, i, 68.
HIGH, v, 60.
HILBRUNNER, v, 195.
HILD, v, 256.
HILDEBRAND, iii, 264, 268; iv, 65, 175, 274, 286, 289; v, 208, 236, 241, 249; vi, 11, 259, 270.
HILDEBRANDT, iii, 275, 290; iv, 213, 223.
HILDEBURN, ii, 13, 36, 42.
HILGERT, v, 210.
HILKITT, v, 180.
HILL, iii, 161, 197, 278; iv, 79, 170, 193, 200, 211; vi, 135, 260, 269, 277.
HILLEGAS, iv, 35, 291; v, 89, 164, 165, 205, 210, 214, 217, 221, 226; vi, 201.
HILLER, v, 182, 188, 199; vi, 261, 266, 278.
HILLIGER, iii, 275.
HILTZHEIMER, ii, 44. [204.
HIMMELREICH, iv, 244; vi, 198,
HINCKEL, iii, 215.
HINDEL, v, 259, 264.
HINE, v, 262.
HINES, v, 129.
HINKEL, iv, 267; v, 247; vi, 178, 255, 277.
HINTON, vi, 205.
HIPPEL, v, 262; vi, 200, 227.
HIRSCH, iii, 224, 231, 239, 240, 249, 289; iv, 220, 264; v, 175, 188, 198, 205; vi, 262, 270.

HIRSCHMANN, iii, 258, 277.
HIRTE, vi, 239.
HISCHMANN, iii, 264.
HIRSH, iv, 244, 267; v, 238; vi, 227.
HIRSHBERGER, v, 217.
HITE, vi, 151.
HITZELBERGER, iv, 182.
HITZER, vi, 219.
HOBEL, iv, 292.
HOBELMAN, vi, 243.
HOCH, iii, 194; v, 60.
HOCHSTATLER, iv, 261.
HOCK, iv, 250, 252, 265, 269.
HÖCK, iii, 159.
HODDERLING, iii, 187, 188.
HODGE, v, 125.
HOEBEL, v, 219.
HOECK, iii, 201; iv, 213, 215; vi, 207, 225.
HOEFFLISH, iv, 193, 200.
HOENING, iv, 281.
HOERNER, iii, 273, 283; iv, 205, 214, 247.
HOERNET, iii, 292.
HOF, iii, 218; iv, 214, 225, 234; v, 180; vi, 224.
HÖFELBAUER, iii, 219, 228.
HOFER, vi, 187.
HOFF, iii, 203, 261, 277, 282, 283, 291; iv, 204, 252, 253; vi, 86.
HOFFER, i, 31; iii, 161; iv, 259; vi, 135.
HÖFFLICH, iii, 200.
HOFFMAN, ii, 46; iii, 210, 225;

iv, 170, 171, 172, 194, 204, 260, 261, 267, 268, 270, 273, 275, 280,, 282, 284, 289; v, 70, 158, 206, 210, 227, 234, 239, 246, 251, 253, 257, 259, 261; vi, 20, 243.
HÖFLICH, iii, 212.
HÖFLISH, iii, 257.
HOFMANN, iii, 199, 209, 210, 214, 217, 222, 235, 239, 252; iv, 212, 248, 283; v, 100, 183, 264; vi, 135, 216, 219, 223, 233.
HOFSTETTER, iv, 208, 230, 241, 248.
HOGLEY, vi, 208.
HOHL, iii, 291.
HOHR, iv, 215.
HOHWÄRTER, vi, 182.
HOLDERMANN, iii, 236.
HOLL, vi, 213.
HOLLEBACH, vi, 167, 168, 171, 172, 174.
HOLLINGER, iii, 277; vi, 194.
HOLLINGSWORTH, iv, 176.
HOLMES, iv, 167.
HÖLSEL, iii, 224, 233, 245, 263.
HOLSTEIN, iv, 159; v, 91.
HOLTZ, v, 226.
HOLTZINGER, vi, 135.
HOLZWART, iv, 207, 216, 233; v, 177, 188; vi, 261, 264, 274.
HOLZWORTH, iv, 203.
HOMER, iv, 109.
HOMMEL, vi, 215.

HÖNIG, iv, 276.
HÖNING, iv, 276.
HÖNS, iii, 219, 225, 231, 240, 252.
HOOD, v, 210.
HOOK, iv, 266; v, 213.
HOOVER, i, 31; vi, 91, 92.
HOPKIN, vi, 198.
HOPKINS, vi, 269.
HOPP, vi, 189, 199, 203, 216.
HORCHELROTH, iv, 255.
HÖRER, vi, 204.
HORN, v, 183; vi, 224.
HORNBERGER, iii, 238, 247, 261, 285; iv, 191, 255; v, 248; vi, 264, 267, 277, 282.
HORNE, i, 6, 11, 31, 32, 45, 46, 54; iii, 161; vi, 21, 94.
HORNER, vi, 218, 221.
HÖRNER, iii, 241, 259; vi, 51, 199, 208, 211, 226, 227, 230, 235, 268, 275.
HORNING, iii, 227; iv, 254.
HORNUNG, iii, 232.
HORR, iv, 112.
HORSEHORN, vi, 272.
HORSFIELD, vi, 51.
HOSSTETTER, v, 225.
HOST, iv, 274.
HOSTANT, vi, 218.
HOSTERMAN, iv, 261.
HOTS, iv, 266.
HOTTENSTEIN, iii, 219, 226, 233, 240, 253, 283; iv, 79, 86, 87; v, 215.
HOTTINGER, iii, 169.

Index to Proper Names.   39

Hotz, iv, 263.
Houck, ii, 26; iii, 161; iv, 261; v, 107, 116, 117; vi, 86, 94, 135.
Houendobler, v, 226.
Houk, iv, 231.
Houner, iv, 196.
Houtum-Schindler, v, 74.
Howard, iii, 188.
Howe, iii, 78; iv, 5; v, 88; vi, 58, 210, 236.
Howell, v, 122, 236.
Howerd, iii, 198.
Hubele, iii, 195, 202, 204, 206, 216, 234, 253.
Hubeley, iii, 276.
Huber, iii, 192, 199, 200, 201, 204, 209, 211, 256; iv, 258; 261, 270; v, 182, 188, 196, 210, 214, 241, 254, 257, 261; vi, 179, 199, 254, 257, 268, 279.
Huber, vi, 186.
Hubert, iv, 246; v, 238, 243, 246, 248, 249, 261; vi, 258.
Huble, iii, 208.
Hubley, ii, 122, 129; iii, 271, 284, 286, 291, 292; iv, 181, 193, 199, 207, 212, 217; v, 176, 177, 183, 184, 187, 195, 198; vi, 135, 256, 259, 279.
Hubly, iv, 221, 225, 227, 228, 233, 239, 240, 241; v, 199.
Hübner, iv, 199.
Hubscher, v, 180.
Huck, iv, 224; v, 235, 243.

Hudson, iv, 159.
Hueber, iii, 222.
Huerster, iii, 285.
Huetter, v, 211.
Hufen, vi, 202.
Huff, iv, 275, 276, 281. [209.
Huffnagel, iii, 277; iv, 193; v, Huffnagle, iv, 285.
Hufford, vi, 113.
Hufft, iii, 219.
Hufnagel, iv, 281, 290, 292; v, 204, 206, 208, 212, 220, 223, 225, 229, 232, 253, 257.
Hufnagle, iv, 264; v, 179, 236.
Huhn, iii, 280, 281, 291.
Huk, v, 222.
Hull, iii, 158; vi, 145.
Humbert, iv, 248.
Humboldt, iv, 126.
Humel, vi, 241.
Humerich, i, 30; iii, 147, 148, 161; vi, 135, 267.
Hummel, vi, 243, 244, 280.
Hummelsdorf, vi, 219.
Hummerich, iv, 154, 155; v, 152; vi, 275, 282.
Hümmerich, vi, 260.
Humphrey, i, 23.
Humrich, i, 11, 82, 93, 94.
Hun, iv, 268.
Hund, v, 216.
Hundel, v, 209.
Hundeshagen, iii, 169.
Hunneberger, iv, 253.
Hunsecker, v, 245.

HUNSICKER, iii, 292.
HUNTER, i, 22; v, 60, 224.
HÜRSTER, iv, 192.
HUSS, iii, 42; iv, 58.
HUTER, v, 235.
HÜTER, iii, 254.
HUTH, v, 260.
HUTTIER, iv, 264.
HÜTTWOHL, vi, 209.
HUTZOL, vi, 186.
HUY, iv, 232.
HYACINTHE, iv, 147.
HYNES, v, 129.
HYPSHER, iii, 179.
IBACH, ii, 125; vi, 92.
ICKES, vi, 216, 228, 234, 239.
IDDINGS, v, 96.
IDER, v, 220.
IDY, iv, 280.
IHLE, iii, 235, 241, 250, 257.
IHRIE, iii, 80.
ILEGERT, iv, 191.
ILGENER, iii, 264, 285, 289.
ILGER, iii, 280; iv, 192, 209.
ILGERT, iii, 284; iv, 199, 200.
ILLING, iv, 245, 277; v, 179; vi, 145, 252, 260, 274.
IMBLER, iv, 254.
IMHOF, v, 248, 250, 251, 254, 256, 261.
IMLER, iii, 195, 211.
IMMEL, iii, 195.
IMRICH, vi, 243.
IRVINE, iii, 38.
IRWIN, iv, 167.

ISCH, iv, 263, 270, 274, 277, 283, 285, 290; v, 218, 221, 224.
JACKLE, iii, 223.
JACKSON, i, 74, 75; ii, 14; iii, 127, 128; iv, 165; v, 226; vi, 59, 87, 88.
JACOB, iv, 109.
JACOBI, v, 163; vi, 236.
JACOBS, ii, 129; v, 115.
JACQUET, v, 249.
JAEGER, iii, 235, 247; v, 60.
JAESTRO, iii, 291.
JAHNS, vi, 257.
JAISER, iii, 205.
JAMES, Duke of York, iii, 43.
JANNEWAY, iv, 240.
JANSEN, vi, 43, 49, 54, 61, 62, 65.
JANSON, v, 198; vi, 204.
JANTZ, iv, 290.
JAY, iii, 72.
JAYSER, iii, 222, 255; iv, 189.
JEFF, iv, 228.
JEFFERSON, ii, 76; vi, 28.
JEISSER, iv, 210, 216.
JEITER, iv, 222.
JELY, iii, 204.
JENKINS, vi, 265.
JENSER, v, 223, 231.
JENTZ, iv, 211.
JENTZER, iv, 226; v, 190, 257, 259; vi, 258.
JESLER, v, 212.
JETTER, iv, 288.
JEYSER, iii, 216, 238.

Index to Proper Names. 41

JLGNER, iii, 270.
JOACHIM, vi, 222, 234.
JOAN OF ARC, vi, 87.
JOB, iv, 269.
JOHANETTE, vi, 278.
JOHANNES, iii, 264.
JOHNS, iii, 276, 284; v, 129, 187, 197, 198; vi, 147, 198.
JOHNSON, iii, 292; iv, 215; v, 122, 178, 184, 185, 193; vi, 32, 43, 51, 197, 205, 209, 253, 254, 274.
JOHNSTON, iii, 224, 249.
JOHST, iii, 275, 278, 283, 289; iv, 190, 196, 204.
JOKIN, vi, 197.
JOMER, iv, 257.
JONAH, iv, 109.
JONAS, iii, 205, 208.
JONES, v, 75, 79, 124, 160; vi, 50, 60, 151, 273.
JORDAN, v, 175, 182, 191, 194, 200; vi, 258, 261, 264, 270, 271.
JORLITZ, v, 235.
JOOST, iii, 224, 248, 263.
JOSIS, vi, 179.
JOST, iii, 255, 266; iv, 211, 224, 234; v, 177, 178, 186, 192, 196; vi, 212, 217, 219, 225, 252, 255, 263, 264, 267, 274, 276.
JUCKHARDT, vi, 177.
JUDAS, iv, 109.
JUDY, iii, 273.
JÜDY, 276.

JULIUS, iv, 262; vi, 203.
JUNG, iii, 257, 262, 286, 289, 292; iv, 210, 218, 229, 235; v, 175, 183; vi, 211, 215, 224, 230, 232, 265, 270, 281, 283.
JUNGLING, vi, 223, 238.
JÜNGLING, vi, 200, 204, 212, 228, 229.
JUNGMANN, vi, 65.
JUSTONE, vi, 278.
KAEHLER, v, 255, 259.
KAELER, v, 251, 261.
KÄEMPFER, iv, 254.
KAFROTH, i, 31.
KAHN, iv, 278; v, 208, 211.
KAHR, v, 233.
KAISER, vi, 217.
KALB, vi, 149, 220, 221, 248.
KALKLOESER, v, 211.
KALKLÖSER, iv, 65.
KALM, vi, 24.
KALTENRUTTER, iv, 259.
KALTLESER, iii, 284.
KAMB, iii, 196.
KAMMERER, iii, 272; v, 177.
KANKEL, v, 265.
KANN, iii, 251; iv, 286, 288, 289; v, 204, 229, 239, 257, 263; vi, 258, 275.
KANTZ, iv, 248; v, 192.
KAPP, iv, 229, 243; v, 178, 189.
KAPPEL, v, 185.
KARCH, iii, 211; vi, 251, 283.
KARCHER, v, 218.
KARCHNER, v, 182, 186, 195; vi, 260.

KARMANY, v, 123.
KARRER, v, 265.
KASEDIER, vi, 219.
KASSLER, vi, 220.
KASTEMIER, vi, 224.
KAUFFMAN, i, 31; ii, 27, 29, 31, 66, 103; iii, 161, 268, 273; iv, 286; v, 179; vi, 135.
KAUFMAN, iii, 144, 234, 282; v, 205, 208, 210, 222.
KAUTZ, iii, 243, 255, 267; iv, 211, 218, 234, 236; v, 197, 221, 237, 241, 247, 255, 261; vi, 259, 263, 266, 277, 283.
KAUZ, iii, 281; iv, 194, 199.
KAUZMANN, iv, 200.
KAYSER, iii, 230, 238.
KEAGY, i, 30, 32; vi, 135.
KEBLER, vi, 245.
KEBNER, vi, 197, 201, 205, 213, 220.
KEBEL, v, 254.
KECHLEIN, ii, 9.
KECK, v, 217; vi, 135.
KEELEVINE, iv, 34.
KEELEY, v, 127.
KEEMER, vi, 221.
KEENAN, iv, 182.
KEGER, v, 195.
KEHLER, v, 223.
KEHN, iv, 224; vi, 261.
KEIGELMAN, vi, 282.
KEIL, iv, 190, 195, 200.
KEILER, iv, 207, 219, 227, 239, 243; v, 179, 188; vi, 227, 232, 237.

KEIM, iii, 161; vi, 135.
KEISER, vi, 217, 242.
KEISS, iii, 287; iv, 192, 198, 202, 239.
KEITER, iv, 202; vi, 195.
KEITH, ii, 36; iii, 94; iv, 25.
KELKER, ii, 25; iii, 162; vi, 135.
KELL, iv, 172; vi, 140.
KELLAR, iv, 252.
KELLER, i, 30; ii, 26; iii, 162, 239, 276, 279; iv, 190, 214, 226, 234, 244, 248, 252, 273; v, 182, 196, 197, 221, 238, 239, 265; vi, 117, 135, 253, 254, 260, 262, 263, 265, 272, 274, 277, 282, 283.
KELLERMANN, iv, 227, 242; v, 174, 246.
KELLY, v, 198; vi, 204, 228, 235, 259, 267.
KELPIUS, v, 56.
KEMBER, iii, 266.
KEMMEL, v, 178.
KEMP, iv, 77, 79.
KENDIG, iv, 172.
KENEAGY, i, 31.
KENNEDY, iv, 221.
KENNER, iv, 273.
KENNY, v, 260.
KENTNER, iii, 211.
KEOGY, vi, 135.
KEPLLE, vi, 214.
KEPLER, vi, 239.
KEPNER, vi, 188.
KEPPEL, iv, 35.

Index to Proper Names. 43

KEPPELE, iii, 238, 245 : iv, 213;
vi, 50, 280.
KEPPERLE, vi, 255, 262, 271.
KEPPLER, vi, 265.
KERBER, iv, 255.
KERN, iii, 69, 187, 225, 235, 245, 257; iv, 253; vi, 247.
KERNER, iii, 233.
KERSHNER, i, 31; iii, 162; iv, 172; vi, 135.
KESSLER, iii, 216, 224; iv, 216, 227, 240; v, 192; vi, 222, 228, 229, 235.
KETSCH, iii, 197.
KETTERER, vi, 237.
KETTY, iii, 206.
KEULER, iii, 208; vi, 212.
KEUNISCH, iii, 285.
KEVINSKI, iii, 162; vi, 135.
KEY, i, 62; vi, 87.
KEYSER, ii, 34; iv, 279; vi,
KIBLINGER, iv, 273.
KICHLEIN, ii, 122; iii, 68, 69, 70, 71, 73, 75, 76, 77, 78, 79, 81; v, 17.
KIDD, v, 68.
KIEFER, vi, 211.
KIEFFER, iii, 150, 220, 228.
KIEGLER, iv, 240; v, 183, 194; vi, 256, 259.
KIELE, vi, 245.
KIENZER, iii, 256.
KIESLER, iv, 204.
KIESSINGER, vi, 258. [vi, 194.
KILIAN, iii, 227, 234; iv, 268;
KILY, vi, 209.

KIND, vi, 190.
KINDIG, v, 194; vi, 135, 279.
KINDSCH, iv, 221, 235; vi, 275, 280.
KING, iii, 261; iv, 225, 280; v, 207, 217, 222, 226, 229, 230, 235, 236, 239, 258, 264.
KINN, iv, 235.
KIPP, iii, 275, 286; iv, 193, 201, 217.
KIPPENBERG, iii, 213, 221.
KIRCHENSCHLAEGEL, iv, 192.
KIRCHENSCHLAGER, iv, 289.
KIRCHNER, iv, 234; vi, 271.
KIRCHSLÄTTER, iv, 252.
KIRKLAND, vi, 68.
KIRSH, v, 189, 200.
KISSEL, v, 235, 244, 254.
KISTENER, iii, 239.
KISTLER, iii, 195.
KITCH, iv, 266.
KITLER, vi, 229.
KITSCH, iii, 205; iv, 228.
KITTELMANN, iii, 290, 291; vi, 191, 192.
KITTLER, iv, 284.
KITZMILLER, iii, 254, 263, 267.
KITZMÜLLER, iii, 280.
KIZMÜLLER, iii, 283.
KLÄCKNER, vi, 226.
KLAER, iv, 280, 281; v, 258.
KLANER, vi, 180.
KLANNINGER, v, 208.
KLARE, v, 235, 239, 246, 249, 250, 256.

KLATZ, vi, 135.
KLAUER, vi, 202.
KLAUSER, vi, 228.
KLEE, iv, 281.
KLEHR, iv, 240; v, 191; vi, 267.
KLEIMER, iv, 79.
KLEIN, iii, 163, 199, 210, 213, 223, 224, 229, 231, 236, 244, 252, 253, 259, 262, 267, 273, 275, 278, 279, 283, 287, 288, 290, 291; iv, 90, 189, 191, 193, 195, 199, 203, 205, 206, 208, 212, 213, 220, 221, 230, 234, 236, 248, 290; v, 148, 175, 179, 180, 184, 185, 192, 195, 200; vi, 52, 68, 205, 212, 218, 221, 246, 247, 248, 252, 258, 260, 263, 269, 270, 273, 274, 275, 280, 283.
KLEINE, vi, 268.
KLEINER, vi, 245.
KLEIS, v, 209, 213, 222, 231, 243, 264.
KLEPFER, iii, 211.
KLEPPINGER, vi, 190, 191, 200.
KLER, iv, 275.
KLIMER, v, 265.
KLINE, iv, 212; v, 245; vi, 122, 135, 278.
KLOBBINGER, vi, 186.
KLOHR, vi, 210, 281.
KLOPFER, iii, 233.
KLÖPFER, iii, 214, 215.
KLOPPINGER, vi, 209.
KLOTTER, vi, 224.

KLOTZ, ii, 122; iii, 9, 162.
KLUG, iii, 225, 233, 238, 247, 251, 255, 260; iv, 241; v, 180, 189; vi, 262, 271.
KLUNCK, iii, 226, 234.
KNAPP, v, 203.
KNAUER, vi, 190, 194, 195, 198, 199, 202, 204, 205.
KNAUSSEL, iv, 255.
KNECHT, iii, 194, 232, 246, 276, 282, 285, 288; iv, 194, 253; vi, 269.
KNEEBUCKLE, iv, 79.
KNEISS, iv, 195; v, 206, 210.
KNERENSCHILD, iv, 221, 236.
KNERING, iv, 200.
KNERR, iv, 172; vi, 135.
KNIERIEMEN, v, 241.
KNIES, iv, 217, 227, 235.
KNIGHT, iii, 237; vi, 262.
KNIPE, ii, 122.
KNOPF, vi, 201.
KNOPP, vi, 198.
KNORR, vi, 223.
KNOUP, v, 91.
KNOLL, iv, 243; v, 195.
KNOWLON, iv, 217.
KNOWS, iii, 69.
KNOX, iii, 73; vi, 58.
KOB, v, 254, 259, 264.
KOBEL, iv, 256.
KOCH, iii, 232, 243; iv, 160, 245, 256, 272, 280, 284, 288; v, 170; vi, 185, 195, 201, 203, 209, 253.
KOCHEN, iii, 69, 70.

Index to Proper Names. 45

KOCHENDÖRFER, iii, 230, 250, 256, 265, 282.
KOCHERSBERGER, iv, 209.
KOCHLER, iii, 257.
KOEGY, iii, 162.
KOEHLER, iii, 213, 219, 223, 230, 240, 258, 263, 284, 288; iv, 192, 196, 200, 206, 213, 192, 223, 229, 232, 239, 248; v, 179, 189; vi, 256, 269.
KOELLER, iii, 201.
KOENER, iii, 226.
KOENIG, iii, 272; v, 205; vi, 252.
KOESTER, iv, 272, 273, 288.
KOHL, iv, 213, 225, 238; v, 177, 195; vi, 252, 261, 265.
KOHLER, i, 31; iii, 277; iv, 257, 292; v, 223, 234, 245, 247; vi, 241.
KÖHLER, iii, 215; iv, 189; v, 197; vi, 193.
KOILER, vi, 218.
KOLB, ii, 37; iii, 163, 262, 267; v, 197; vi, 222, 278.
KOLBESSER, v, 255, 259, 265.
KOLMAR, vi, 179.
KOMPF, iii, 279.
KONCE, v, 128.
KÖNIG, iii, 254; iv, 275; vi, 260.
KONKLY, v, 255.
KONTS, v, 128.
KOONCE, v, 130.
KOONS, v, 129, 130.
KOONTZ, v, 128, 130.
KOPEINER, v, 250.
KOPF, iv, 289, 290; v, 239, 242, 249.
KOPP, iii, 249, 252; iv, 269.
KORBMANN, iii, 288.
KORNER, iii, 273.
KORSCH, v, 241.
KORTES, v, 247, 250.
KOSTER, iv, 269, 279.
KÖSTER, vi, 189, 203.
KÖTZELMANN, vi, 240.
KOUNS, v, 130.
KOUNTZ, v, 130.
KOUNTZE, v, 130.
KRAEMER, iv, 240; v, 184, 190, 199; vi, 72, 73, 260, 266, 270.
KRAEMEYER, iv, 229.
KRAEMUIER, iv, 216.
KRAEUTER, iv, 234.
KRAFFT, iv, 190.
KRAFT, iv, 260; v, 205, 227, 233; vi, 182.
KRAMB, vi, 187.
KRAMER, v, 177, 188, 238.
KRANTZDORF, iv, 254.
KRÄSSMANN, vi, 178, 182.
KRATY, v, 257.
KRATZ, iii, 292; vi, 220.
KRATZER, vi, 52.
KRAUSS, iii, 274; v, 198; vi, 197, 222, 281.
KRAUTER, v, 178, 184, 195; vi, 274.
KRÄUTER, vi, 201, 255.   [94.
KRAUTH, ii, 128; v, 115; vi,

KRÄUTLER, vi, 258, 272.
KRAZ, iv, 195.
KREAMER, ii, 44.
KREBS, iii, 192; iv, 244, 253, 258, 263, 277; v, 177, 205, 207; vi, 180, 218, 220.
KREEN, vi, 243.
KREGER, iv, 263.
KREHBIEL, v, 127.
KREHL, iii, 235.
KREIBEL, iv, 172.
KREIDER, v, 27, 203, 213, 218, 220, 225, 228, 255, 260, 261.
KREIDLER, iii, 209; v, 264.
KREINER, iii, 211.
KREISS, v, 206.
KREISSER, iv, 189.
KREITEL, v, 254.
KREITER, v, 227.
KRESLER, vi, 206.
KRESS, v, 206, 235; vi, 194, 216.
KRETE, v, 251.
KREUSER, iii, 229, 234.
KREUTER, iii, 276.
KREUTLER, iii, 281.
KREUTLET, iv, 268.
KRICK, iii, 252; iv, 170.
KRIDER, v, 231.
KRIEBEL, vi, 135.
KRIEDER, v, 208.
KRIEGER, vi, 219.
KRISTLER, vi, 185.
KROB, iii, 274.
KRÖNER, iii, 214, 217, 221, 244.

KRONMILLER, iii, 224.
KROPP, iii, 277, 290; iv, 268.
KROSERMAN, vi, 191.
KROSSMAN, vi, 171.
KRÖSSMAN, vi, 177.
KROTE, v, 239, 242, 244, 249.
KROTEL, iii, 192.
KROTER, v, 224, 230.
KRUBER, vi, 221.
KRUEGER, iv, 216, 230.
KRUG, iii, 196, 201, 209, 275, 288; iv, 194, 202, 211, 217, 231, 244; v, 136, 177, 178, 187, 197, 209, 253; vi, 217, 232, 238, 239, 254, 270.
KRÜGER, iii, 236, 245, 251, 260, 265; iv, 209; v, 190.
KRUMBEIN, v, 122; vi, 87.
KUBENLINGER, iv, 263.
KUCH, iv, 207, 221, 233.
KÜCHLER, iii, 205, 234.
KÜEHLER, iii, 199, 250.
KUENTS, v, 128.
KUESTER, iv, 278.
KUGLER, vi, 230, 238, 246, 247, 270.
KUHBORTS, iii, 208.
KUHBORTZ, iv, 258.
KUHES, vi, 193.
KUHL, iii, 209; v, 130.
KUHLE, v, 127.
KÜHLER, vi, 178.
KÜHLTHAV, vi, 230.
KUHN, ii, 9; iii, 195, 204, 219, 226, 242; iv, 147, 241, 289; v, 176, 199; vi, 24, 135, 264.

Index to Proper Names. 47

KUHNS, iii, 162; iv, 195, 211, 220, 224, 235, 244, 248, 257, 262, 265; v, 120, 121, 129, 130, 131, 179, 188, 190, 209, 212, 249, 252, 253, 258, 263; vi, 95, 98, 103, 265, 279, 282.
KÜHNSCH, iv, 196.
KUHNSMAN, v, 129.
KUHNTZ, v, 128.
KUHNZ, v, 130.
KULP, iii, 163; v, 50; vi, 135, 149, 150.
KUMMERLE, iii, 228, 233.
KÜMMERLE, iii, 214, 225.
KUNCKLER, v, 249; vi, 49.
KUNES, v, 130.
KUNKEL, i, 30; ii, 26; iii, 136, 163; iv, 169; v, 233, 237; vi, 135.
KUNS, v, 130, 215, 218, 228,
KUNSHE, v, 128.
KUNST, v, 128.
KUNTS, v, 128.
KUNTSCH, v, 128.
KUNTZ, iii, 162, 193, 194, 201, 203, 265; iv, 268; v, 123, 124, 126, 127, 128, 129, 130; vi, 178, 179, 180.
KUNTZE, v, 128.
KÜNTZEL, iii, 199.
KUNTZELMANN, vi, 199, 210.
KÜNTZER, iii, 199.
KUNTZMAN, v, 129.
KUNZ, iv, 259, 272, 274, 278, 279, 282; v, 125, 126, 130, 204, 223, 225, 235.
KUNZE, iv, 131; v, 130.
KUNZEL, vi, 182.
KUONRAT, v, 124, 125.
KUPER, v, 235.
KURCK, v, 205.
KURTZ, i, 75; iii, 216, 236, 266; iv, 206, 290; v, 254; vi, 193, 201, 206, 240.
KURZ, iii, 278, 287; iv, 193, 201, 204, 208, 217, 218, 227, 233, 243, 244; v, 180, 192; vi, 258, 261, 262, 268, 277.
KUSTER, iv, 175, 276.
KUSTER, iii, 233, 239.
KUTZ, iv, 79, 80.
KUTZHER, iv, 264.
KUTZNER, iv, 268, 273.
KYBURTZ, iii, 199.
[231.
LABENSWEILER, v, 217.
LABETSWEILER, iv, 223.
LACHMANN, iv, 201.
LACHY, vi, 281.
LACK, vi, 192.
LACKER, v, 244, 245.
LADLEY, vi, 277.
LAFATTY, vi, 263, 270.
LAFAYETTE, i, 68; iv, 117; vi, 59, 72. [282.
LAGER, iv, 214; vi, 251, 270,
LAIMAN, v, 262, 264.
LAMB, iv, 222.
LAMBARTER, iv, 209, 220, 242, 248; v, 183, 200.
LAMBER, v, 227.
LAMBERT, v, 210, 215, 218, 230, 234, 239, 249, 257.

LANCK, iv, 271.
LANDGRAF, vi, 225, 231.
LANDIS, vi, 136.
LANDMESSER, iii, 286.
LANG, iii, 222, 226, 242, 270, 276; v, 237; vi, 257.
LANGENBACH, iii, 209.
LANGLEY, vi, 61.
LANTZ, ii, 26; iii, 163, 230.
LANZ, iii, 237, 246.
LARDNER, vi, 53.
LARKINS, iv, 236.
LARNED, i, 32.
LATIMER, iv, 172, 182; vi, 140.
LATTA, v, 193.
LATTER, v, 254.
LAUB, vi, 272.
LAUBERSWEILER, v, 240.
LAUFERSWEILER, iv, 281.
LAUGE, vi, 244.
LAUK, iv, 216.
LAUMANN, iii, 198, 204, 206, 209, 215, 217, 219, 224, 231, 232, 237, 242, 246, 249, 252, 253, 262, 267, 270, 280, 284, 285, 292; iv, 196, 285; vi, 262.
LAURE, iii, 221.
LAURENS, vi, 59, 60, 62.
LAUTEBACH, v, 174, 198; vi, 261, 270, 283.
LAUTENSCHLAEGER, iv, 198, 215.
LAUTENSCHLAGER, iv, 191, 243.
LAUTERSWEILER, v, 230, 232.
LAUTZENHAUSER, iv, 285.

LAW, iv, 243; v, 190; vi, 60.
LAWER, iii, 291.
LAWK, vi, 199.
LAWRE, v, 224.
LAY, iii, 215, 253, 264, 281; iv, 198, 253, 257, 259, 262, 263, 269, 271.
LAYER, iii, 248, 260; v, 252.
LAYMAN, v, 257.
LAYSINGER, iii, 250.
LAZARUS, iii, 230, 249, 260, 269, 284, 289; iv, 196, 202, 211, 241; vi, 214.
LEARNED, ii, 28, 30, 32; iv, 127; v, 56, 65; vi, 103.
LEARY, v, 88.
LEASURE, ii, 123.
LEBER, vi, 238.
LEBIG, iii, 275.
LECHY, v, 198.
LECRONE, iv, 275.
LEDERER, i, 44.
LEDIG, v, 208.
LEE, vi, 57, 60, 71, 88, 152.
LEEBRING, vi, 218.
LEER, v, 215, 226.
LEESMAN, vi, 219.
LEFEBER, iii, 272; vi, 273.
LE FEBRE, iv, 269, 274; v, 217, 264, 265.
LEFEVER, vi, 267, 278.
LE FEVRE, iv, 291; v, 208, 214, 227, 237, 241, 243.
LEHMAN, ii, 25; iii, 144, 163, 282, 292; iv, 45, 89, 190; vi, 254, 260, 265, 274, 281.

LEHMAYER, vi, 129.
LEHNHERR, iv, 215, 231, 246; v, 196; vi, 252, 264, 278.
LEHNKER, v, 234.
LEHR, iii, 283, 288; iv, 206, 207, 215, 216, 231, 284, 289; v, 175, 203, 205, 221, 241, 246; vi, 230, 265, 276.
LEHRY, iv, 228.
LEI, iii, 210.
LEIB, v, 222.
LEIBE, iv, 210.
LEIBELE, v, 248.
LEIBERT, vi, 43, 74, 136.
LEIBLE; iv, 211, 223; v, 174, 175, 180, 185, 187, 188, 197; vi, 257, 267, 278.
LEIBPA, iv, 220.
LEIBPE, iii, 229.
LEIBY, iv, 240.
LEIDY, ii, 125; iv, 147; v, 116, 262; vi, 35, 36, 94.
LEIH, v, 221.
LEIM, iii, 250, 261.
LEIMANN, vi, 247.
LEIN, iv, 242, 260, 262, 274, 279; v, 236.
LEINBACH, iv, 65.
LEINBROCK, iv, 267.
LEINHART, iii, 164.
LEISLER, iv, 148.
LEISTNITZ, iii, 234.
LEITENBERGER, iii, 248.
LEITENER, iii, 211, 228.
LEITNER, iii, 194, 197, 202, 203, 218, 240, 251, 269; iv, 208, 215, 227, 236; v, 179, 189, 195, 199; vi, 260.
LEITZE, iii, 212, 218, 227, 244.
LEKRON, iii, 196.
LEMBERGER, iii, 163; iv, 173; vi, 136.
LEMBERT, v, 223.
LEMBKE, iv, 71.
LEMELY, iv, 254.
LENGENFELDER, iii, 202.
LENHER, v, 232.
LENHERR, iv, 259, 268, 283.
LENNERT, vi, 43, 70, 72.
LENTZ, iv, 264; v, 223.
LEON, iv, 233.
LEONARD, iv, 79, 181, 182; v, 262.
LEONHARD, iv, 260; vi, 220, 229.
LEONHART, vi, 87.
LERCH, iii, 69; iv, 287.
LERN, iv, 273.
LE ROU, v, 208.
LE ROUX, iii, 206.
LE ROY, iv, 281, 283, 286.
LE RU, iv, 260.
LESCH, vi, 243, 246.
LE VALLEY, v, 165.
LEVAN, i, 6, 12, 32; ii, 9; iii, 150, 163, 164; iv, 73, 76, 77, 79, 80, 81, 82, 83, 85, 86, 87, 88, 90; v, 27, 148, 149; vi, 136, 279.
LE VAUS, iii, 183.
LEVERING, iv, 60, 173; vi, 6, 43, 67, 68, 70, 83, 130, 136.

LEVERINGSHAUSER, v, 220.
KEWIG, v, 206, 209, 210, 215.
LEWIS, vi, 61, 199.
LEYSINGER, iii, 258, 272, 283.
LIBERICH, iii, 274.
LIBERINGSHAUSEN, v, 225.
LIBI, v, 223.
LIBIG, iv, 267.
LICK, ii, 125; v, 100; vi, 93.
LIDI, v, 216.
LIEBE, iv, 237.
LIEBERICH, iii, 232.
LIEBERINGSHAUS, v, 231.
LIEBICH, iv, 274, 283.
LIEBPE, iii, 234, 241, 259, 262, 277; iv, 231, 238; v, 177.
LIEBRIG, iv, 191.
LIEDERSON, v, 219.
LIGHT, iii, 158, 164; iv, 169, 221; vi, 136, 157.
LINCOLN, i, 37, 74; iv, 164, 170.
LIND, iv, 264, 268, 272, 274, 277, 279, 282, 286, 288; v, 227, 229, 237, 241, 246, 250, 251, 257, 263.
LINDEBERGER, iii, 269; vi, 279.
LINDEGUAST, iii, 226.
LINDEMUTH, iii, 204, 209, 224.
LINDENBERGER, iii, 282; iv, 211; v, 253.
LINDENSCHMIDT, iii, 196; iv, 261
LINDERMAN, vi, 229.
LINDESCHMITT, iii, 282, 287; iv, 264.
LINDESMITH, iv, 272.
LINDNER, iv, 241.
LINDSAY, v, 258.
LINDY, iv, 211, 218, 231, 248; v, 182, 191; vi, 255.
LINE, v, 254, 262.
LINGENFELDER, iii, 194.
LINK, v, 216.
LINKEFUS, v, 240.
LINKERFUS, v, 244.
LINN, iv, 170; v, 244.
LINNÆUS, v, 95; vi, 22, 23, 25.
LIPPERT, v, 257.
LISSER, vi, 180.
LITZBERGER, v, 217.
LITZEBERGER, iii, 275.
LITZENBERGER, iii, 269, 283; iv, 190.
LIVINGOOD, vi, 136.
LIVINGSTON, iv, 30.
LOB, iv, 262.
LOCHART, v, 79.
LOCHER, v, 219, 223, 227, 230, 235, 239, 244, 257.
LOCHMANN, iii, 207, 209, 274; iv, 254, 285.
LOCKARD, iv, 203.
LOCKART, v, 174, 181; vi, 271, 281.
LOCKHART, v, 79.
LODGE, iv, 228.
LOEBELY, iii, 206.
LOEDY, iv, 284.
LOECHNER, iii, 193.
LOERSCH, v, 190.
LOESER, iii, 203, 209, 217, 232.

Index to Proper Names. 51

LOEWIG, v, 204.
LOGAN, i, 19; iv, 75, 237.
LOGGAR, iv, 237.
LOGK, iv, 266.
LÖGRON, iii, 222, 236, 247, 249, 259, 260.
LOH, iv, 218.
LOHR, iii, 290; iv, 225, 238.
LÖHR, iii, 221, 237, 244, 251, 258.
LOHRMANN, iii, 195, 206, 215, 227, 240, 250, 289; iv, 195, 209, 221; vi, 273.
LONG, iii, 152, 213; iv, 233, 253, 256, 275, 283, 286, 287, 290; v, 205, 207, 211, 232, 233, 242, 243, 248, 251, 256, 262.
LONGFELLOW, ii, 10; iii, 91; iv, 95; v, 115; vi, 78.
LOOS, vi, 201.
LOOSELEY, iv, 77.
LORENTZ, iii, 202; v, 229, 260.
LORENZ, iv, 215, 217.
LORER, v, 224.
LORSBACH, iv, 240.
LORSCHBACH, iii, 235.
LORSHBACH, iv, 285, 290; v, 204, 210.
LORZ, iv, 270.
LOTMANN, iv, 214, 215, 217; v, 177, 187, 190, 199; vi, 253, 263, 267.
LOTTMANN, iv, 227.
LOTZ, iv, 278.
LOUCKS, iv, 173; vi, 136.
LOUIS XIV., iii, 109; iv, 24.
LOVELL, v, 164, 165.
LOW, iii, 187.
LOWELL, iii, 130; v, 114; vi, 101.
LÖWENSON, iii, 221.
LÖWER, vi, 192.
LOWRY, v, 228.
LOYOLA, ii, 120.
LUCK, iii, 279, 284; iv, 229, 243, 248, 258, 276, 286; v, 186.
LUCKENBACH, vi, 43, 74.
LUCKENHEID, vi, 197.
LUDERSON, v, 175, 181.
LUDEWIG, vi, 228.
LUDMANN, iii, 194.
LUDTMAN, iii, 205.
LUDWIG, i, 44; ii, 9, 89; iii, 230; iv, 35, 103, 147, 235; v, 233.
LUEDERSON, iv, 228.
LÜEGLE, vi, 213.
LÜERS, v, 174.
LUETTIG, iv, 292.
LUKOHR, iv, 218.
LUSSAC, vi, 27.
LUTHER, i, 14, 72, 76; ii, 47, 85; iii, 42, 131; v, 64, 69, 114, 158, 235, 242, 247.
LUTHMANN, iii, 211.
LUTMAN, iv, 240.
LUTS, iv, 246.
LUTTER, vi, 257.
LUTTIG, iii, 275.
LÜTTIG, iii, 290.

LUTTMANN, iii, 194, 207, 212, 214, 216, 220, 225, 228, 234, 236, 237; 245, 257, 270, 280, 288; iv, 190, 194, 197, 201, 203.
LUTZ, i, 22; iii, 162, 212, 221, 228, 230, 235, 237, 243, 244, 248, 257, 264, 265, 291; iv, 211, 234, 238, 244, 265, 281, 292; v, 177, 187, 188, 195, 196, 234, 240, 242, 244, 248, 249, 257, 262; vi, 222, 230, 255, 256, 264, 265.
LUZ, iii, 278, 279; iv, 192.
LYBIG, iv, 269.
LYDER, iv, 194.
LYTE, i, 6, 12, 31; iii, 135.
McCABWECK, iv, 202.
McCAKE, vi, 263.
McCALL, iv, 176; v, 183.
McCAMMERY, iv, 192.
McCARLSLEY, vi, 278.
McCARMIE, iv, 228.
McCARNT, iv, 224.
McCARSLEY, vi, 268.
McCARTNEY, iv, 211.
McCINSEY, iv, 227, 229.
McCLAY, iv, 166.
McCLELLAN, v, 105.
McCLENNAN, vi, 272.
McCLURE, iii, 173.
McCOLM, iv, 220.
McCOMB, v, 196.
McCONNEL, vi, 252, 276.
McCORD, vi, 258, 266.
McCOY, iv, 221, 225.
McCRACKAN, vi, 252.
McDILL, iv, 224.
McDONALD, iv, 181; vi, 58, 146.
McDONNEL, iv, 225, 237.
McDOUGAL, iv, 224, 228.
McDOVE, iv, 224.
McFILLREY, vi, 282.
McGAUNT, v, 213.
McGEIS, v, 242.
McGOWEN, v, 237.
McGRACHAN, vi, 282.
McGRAHAN, vi, 263.
McGRANT, vi, 279.
McGRUGER, iv, 225.
McGUIRE, v, 242.
McINTOSH, vi, 61.
McKEAN, iii, 93, 95.
McKENNEN, v, 214.
McKINLEY, vi, 83.
McKNIGHT, vi, 136.
McLAUGHLIN, vi, 282.
McLEAN, iii, 177.
McMAHON, iii, 284.
McMANEMY, v, 214.
McMULLIN, iv, 224.
McNAUGHTON, v, 197; vi, 255, 264, 275.
McNEELY, iii, 184.
McPAUL, vi, 273.
McPHERSON, ii, 26; iii, 9, 14, 34, 136, 149, 164, 172; vi, 136.
McPOLE, vi, 259.
MAASER, v, 211.
MACH, iii, 276.

Index to Proper Names. 53

MACHENHEIMER, iii, 237, 249, 258.
MACKENBERGER, iv, 266.
MACKER, iii, 275; v, 208.
MACKERDT, iii, 290.
MACKERT, v, 224.
MADER, iii, 234.
MAEGILL, iv, 234.
MAENLEY, iii, 292.
MAENNICH, iv, 231.
MAENZER, iv, 219.
MAERTENS, vi, 216.
MAGAW, iii, 38.
MAGDALEN, iv, 286.
MAHLZEN, iii, 284.
MAHNENSCHMIDT, iv, 79.
MAHRETT, iii, 218.
MAHRSTELLER, vi, 183.
MAIDINGER, iii, 202.
MAIER, iv, 213, 254, 256; v, 217.
MAINZER, iv, 232, 235, 243; v, 181, 188; vi, 257, 267.
MAISCH, vi, 25.
MAISE, v, 177.
MAJER, iii, 250.
MALEY, vi, 272.
MALSON, iv, 214, 244; vi, 262.
MALY, v, 194.
MANDERBACH, iv, 273, 277, 282, 286; v, 204, 206, 233, 239, 246, 250, 251, 254, 256, 262, 263.
MANK, v, 197.
MANLIUS, v, 74.
MANLY, iv, 215.

MANN, iii, 209, 253, 257, 258, 259, 262, 264, 267, 275, 280, 281, 282, 284, 290; iv, 193, 205, 210, 225, 228, 233, 235, 241, 256; v, 176, 183; vi, 95, 275.
MANNING, iv, 203, 214, 232, 247; v, 181.
MANS, iii, 203.
MANSEN, v, 257.
MANSON, iv, 226.
MANTAUFT, vi, 279.
MANTEBACH, iv, 232.
MANTEL, v, 235.
MANTZ, iii, 197.
MANZER, iv, 208.
MAQUINET, iv, 287.
MARBOT, iii, 11.
MARBURY, vi, 251.
MARCH, vi, 34.
MARCHANT, vi, 60.
MARCHSTELLER, vi, 177, 181.
MARCKETAND, iv, 263.
MARCKSTAND, iv, 263.
MARFE, v, 206.
MARGAND, iv, 275.
MARGUARD, iv, 210, 245.
MARGUARDT, iii, 267; iv, 192.
MARGUART, iii, 212, 221; iv, 205, 215, 224, 227, 237.
MARGUETAND, iv, 267, 282; v, 210.
MARIA, v, 226.
MARIE (Princess), iv, 172.
MARKER, iii, 212.
MARKERD, iv, 205.

MARKERT, iv, 198, 230.
MARKLE, v, 217.
MARKS, vi; 69, 229, 236.
MARKWORTH, v, 257.
MARLE, vi, 221.
MAROUX, iii, 275.
MARQUARDT, iii, 284.
MARQUART, iii, 274; v, 176, 187, 189, 195; vi, 254, 258, 264.
MARQUETAND, iv, 271, 291.
MARSH, iv, 166.
MARSHALL, iv, 173; v, 262; vi, 37, 123, 136.
MARSTALLER, vi, 177, 178, 243.
MARSTELLER, vi, 178, 179, 181, 188, 197, 199, 203, 204, 209, 210, 211, 216, 219, 220, 228, 234, 238, 239, 242, 244, 245, 246.
MARTEN, v, 182.
MARTER, v, 182.
MARTIN, i, 14, 27, 31; iii, 164, 253, 272, 274, 275, 288; iv, 65, 173, 190, 194, 196, 200; 204, 206, 229, 231, 236, 287, 291, 292; v, 174, 177, 193, 204, 207, 209, 210, 212, 216, 222, 228, 232, 234, 240, 241, 250, 261; vi, 136, 223, 271, 278, 281. [240, 241.
MARTINI, vi, 216, 217, 238,
MARTINS, vi, 231.
MARTY, v, 206, 225.
MARY (Queen), ii, 37.
MÄRZ, vi, 247.

MARZALL, vi, 267.
MASON, iii, 42.
MASSEY, vi, 50.
MAST, vi, 219.
MASTERS, vi, 53.
MATER, iii, 209.
MATHER, iii, 40.
MATHIOT, iii, 270, 274, 281; iv, 217, 228, 239; v, 173, 182, 191, 223, 262; vi, 260, 270, 283.
MATTHÄI, iv, 65.
MATTHEWS, iii, 197.
MATTHIES, vi, 222, 230, 236.
MATTHIOT, iii, 226, 233, 240, 246, 251, 257, 258; vi, 251.
MATZ, i, 9; iii, 246, 253.
MAUCH, iii, 256, 263.
MAUERER, iv, 271.
MAUGRIDGE, vi, 188, 189, 198.
MAUK, iii, 267; iv, 247; vi, 257, 259, 281.
MAULE, iii, 236.
MAURER, i, 30; iii, 164, 195; iv, 174, 233, 258, 277, 284; v, 164, 224, 227, 231, 232, 238, 243, 247, 253; vi, 136, 206, 213, 229.
MAXEL, v, 224.
MAXWELL, v, 199; vi, 65.
MAY, iii, 198, 201, 222, 236, 244, 253, 261; iv, 195, 260, 263, 264, 269, 274, 276, 279, 282, 283, 287; v, 181, 193, 203, 209, 211, 214, 224, 248, 258; vi, 261, 267, 271, 281.

Index to Proper Names. 55

MAYBURY, vi, 280.
MAYER, iii, 207, 215, 216, 218, 222, 229, 230, 239, 260, 261, 262, 274, 286; iv, 198, 204, 205, 214, 286, 289; v, 173, 179, 180, 182, 191, 192, 200, 205, 219, 222, 225, 229, 231, 232, 235, 236, 240, 243, 245, 248, 249, 250, 251, 254, 259, 262; vi, 207, 240, 244, 251, 258, 265, 268, 275, 280.
MAYFART, iii, 235.
MAYFARTH, iii, 212.
MAYNZER, iii, 222.
MAYLS, iii, 200.
MAZARIN, iv, 24.
MDGEL, iv, 240.
MECK, v, 220, 224, 227, 233, 243, 251.
MECOMRE, v, 212.
MEDERT, v, 221.
MEHLING, iv, 236; v, 184, 190; vi, 263, 267, 279.
MEHNZER, iii, 288.
MEHRIG, vi, 263.
MEHS, iii, 286.
MEICHSEL, v, 227.
MEIDINGER, iii, 209, 212.
MEIER, iii, 193, 198; iv, 207, 216, 220, 229, 230, 241, 243, 245, 246, 248; v, 179, 195, 197.
MEIERS, iv, 245, 247.
MEILEY, iii, 164.
MEILY, iii, 175; v, 252; vi, 136.
MEISENHALTER, iii, 209.
MEISINGER, vi, 224.
MEISSENHEIMER, vi, 194, 196, 236.
MEISTER, iii, 288, 291; iv, 235, 245; v, 174, 207.
MEITZER, vi, 200.
MELANCHTHON, i, 14.
MELCHER, ii, 9.
MELCHOR, iv, 35.
MELCK, v, 208.
MELDOM, iv, 203.
MELDROM, iv, 216.
MELDRON, iv, 230.
MELLICK, v, 159, 160.
MELLINGER, iii, 176, 185; iv, 213, 239, 245; v, 212.
MELSHIMER, v, 181.
MELY, iii, 201, 208.
MEMINGER, i, 31; vi, 136.
MENDELSSOHN, vi, 105.
MENGS, iv, 240.
MENN, iii, 199.
MENNO-SIMON, i, 14; ii, 36; iii, 42.
MENOC, vi, 270.
MENSER, v, 221.
MENTZER, iv, 174, 211; vi, 136.
MERAUN, vi, 251.
MERAUSE, vi, 257.
MERAUX, iii, 220, 225, 232, 239, 243, 247, 253; v, 191, 195, 265.
MERAUZ, iii, 257.
MERCER, iii, 183.

MERCK, iii, 268; iv, 275; v, 235.
MERCKEL, iii, 278; vi, 195, 210, 218, 221, 222, 228, 232.
MERCKER, iv, 254.
MERCKLIN, vi, 240, 246.
MERCKLING, vi, 178.
MERKEL, v, 219.
MERKER, vi, 257, 269.
MERKLE, v, 211.
MERKLY, iv, 252.
MERTZ, vi, 225.
MESCEL, v, 220.
MESEKOPF, iii, 197.
MESENCOPE, vi, 260.
MESSENKOP, iv, 261, 264, 267, 270, 278, 281, 289; v, 220, 222, 225, 226, 228, 229, 235, 238, 248, 251, 253, 259.
MESSERSCHMIDT, iii, 204, 213, 226, 241, 289; iv, 192, 198, 207, 214, 218, 222, 239; v, 175, 186, 195; vi, 257.
MESSERSMITH, v, 221, 242.
MESSINGER, iii, 69, 291.
METSGER, iv, 259.
METTOT, iv, 220.
METZ, iv, 287, 292.
METZGER, iii, 202, 231, 250, 265, 272, 288; iv, 191, 207, 227, 238, 247, 258, 261, 292; v, 183, 197, 200, 239, 243, 251, 255, 256, 260; vi, 224, 266, 269, 278, 280.
METZGIR, vi, 257.
METZLER, iii, 164; vi, 136.

MEY, vi, 232.
MEYDINGER, iii, 220, 224, 233, 237, 246.
MEYDTINGER, iii, 256.
MEYER, iii, 151, 164, 217, 277; iv, 211, 262, 276, 279, 282; v, 176, 185, 186, 190, 191, 199, 207; vi, 191, 212, 218, 252, 253, 261, 262, 265, 277.
MEYERS, ii, 6; iii, 164; vi, 93, 137.
MEYSENHÖLDER, iii, 213, 221.
MEZGER, iii, 214, 221, 227, 232, 245, 256, 259, 260, 261, 274, 285; iv, 190.
MICHAEL, iv, 260; v, 227, 229, 243, 247, 250, 253, 255, 258, 260, 261; vi, 181, 261, 276.
MICHAUX, vi, 26.
MICHEL, v, 200, 233, 249.
MICKLEY, iv, 178.
MIESEMER, iv, 287; vi, 229.
MIFFLIN, iii, 93, 95; vi, 50, 58.
MILCHSACK, v, 197; vi, 255.
MILE, v, 247.
MILES, iii, 75; v, 240.
MILIUS, vi, 63.
MILLAN, v, 254.
MILLER, ii, 37, 125; iii, 70, 165, 181, 212, 218, 219, 225, 228, 235, 240, 241, 247, 251, 252, 260, 283, 291; iv, 35, 174, 181, 194, 195, 201, 203, 204, 206, 215, 225, 241, 244, 252, 271, 289, 291; v, 59, 184, 190, 198, 208, 211, 218,

Index to Proper Names. 57

219, 222, 225, 226, 228, 229, 233, 237, 240, 241, 244, 245, 249, 251, 252, 253, 257, 265; vi, 94, 136, 179, 195, 226, 235, 247, 251, 267, 276.
MILLY, vi, 254.
MILTON, iii, 96; iv, 178.
MING, v, 222, 225.
MINICH, v, 236, 261.
MINNEWIT, iv, 148.
MINNICH, v, 164, 217, 228, 243; vi, 136.
MINSHALL, vi, 260.
MIRALLES, vi, 62.
MISH, i, 31; iii, 165; vi, 136.
MISSINGER, vi, 192.
MITCHELL, iv, 177; v, 213.
MITTEBERGER, vi, 212.
MITTELBERGER, vi, 212.
MOCKEBERGER, iii, 241.
MOCKERT, iii, 265.
MOEHLDRUM, iv, 192.
MOELICH, v, 159.
MOELLINGER, iv, 195.
MOHR, iii, 223, 226, 233, 241, 255, 256, 262, 264; iv, 194, 253; v, 175, 184, 192, 198; vi, 206, 231.
MOHRI, vi, 257.
MOHRY, v, 246.
MOKEBERGER, iii, 249.
MOLL, iv, 265.
MOLLER, iv, 254.
MÖLLER, vi, 281.
MOLSIN, vi, 188.
MOLTZ, vi, 182.
MOLZ, vi, 203.
MOMBERT, vi, 33.
MONTGOMERY, i, 30; iii, 82, 165; v, 95, 107, 108, 132; vi, 20, 21, 56, 94, 130, 136, 279.
MOORE, ii, 10, 90; iii, 143; v, 187, 190, 191; vi, 271.
MOORY, v, 253.
MOOSER, iv, 192.
MORE, iv, 289; v, 208.
MORGAN, vi, 56, 57.
MORGENSTERN, vi, 178, 179, 180.
MORIN, iii, 198.
MORITZ, vi, 196.
MORRIS, 1, 23; iv, 43, 91, 92, 93, 96, 99, 228; v, 265; vi, 61, 151, 275.
MORRY, iii, 69.
MORSE, ii, 126.
MORTON, i, 23; iii, 165; iv, 221.
MOSE, iv, 240; v, 181, 196, 212; vi, 262, 271, 275, 277.
MOSER, iii, 251, 258, 261, 268, 279, 281, 282, 291; iv, 190, 191, 194, 198, 202, 206, 213, 214, 216, 230, 236, 241; v, 175, 185, 187, 192, 194; vi, 221, 251, 253, 260, 266, 270, 277.
MOSES, iv, 109; vi, 187, 191, 196, 201, 207, 228.
MOSHEIM, v, 135.
MOSIS, vi, 188, 229.

Mosser, iv, 174; v, 47, 48, 85, 86; vi, 76, 136.
Mossy, v, 250.
Motz, iv, 209; v, 191.
Mowrer, iii, 165.
Mozart, vi, 105.
Muckelroy, v, 190, 194; vi, 255, 262, 272, 282.
Mueller, iv, 65, 79, 226, 231.
Muench, iv, 226.
Muendel, iv, 223.
Muenich, iv, 234.
Mühl, vi, 231.
Muhleisem, iv, 275, 279.
Muhlenberg, i, 12, 29, 30, 32, 33, 44, 66, 81, 82, 93, 94; ii, 15, 26, 28, 31, 64, 66, 67, 69, 71, 120, 122; iii, 55, 92, 96, 121, 148, 165, 170, 176, 177, 178, 192; iv, 125, 126, 147, 155, 221, 235, 248; v, 21, 22, 39, 56, 59, 98, 116, 145, 162, 163, 164, 184, 196, 255; vi, 24, 25, 27, 29, 30, 31, 33, 37, 94, 106, 136, 151, 153, 163, 166, 175, 178, 179, 184, 185, 187, 193, 195, 197, 202, 203, 204, 209, 212, 214, 215, 216, 218, 222, 225, 228, 230, 231, 233, 235, 237, 248, 261.
Muhlhan, vi, 215.
Mühlhann, vi, 193.
Mühlhern, vi, 190.
Mühlsam, vi, 207.
Muhney, vi, 257.

Muir, iv, 247.
Mukleisen, iv, 270.
Mull, i, 31; iii, 165; vi, 136.
Muller, v, 175, 177, 180, 183, 184, 187, 189, 190, 204; vi, 224.
Müller, iii, 200, 258, 264, 266, 270, 273, 276, 281, 283; iv, 209, 210, 228, 230, 232, 235, 240, 241, 242, 253, 255, 257, 262, 263, 264, 265, 272, 277, 278, 281, 283, 289, 292; v, 195, 196, 199; vi, 178, 179, 180, 185, 187, 192, 199, 202, 204, 206, 208, 209, 210, 212, 213, 215, 216, 217, 218, 219, 221, 222, 224, 226, 228, 234, 237, 238, 240, 243, 254, 257, 260, 262, 266, 270, 271, 274, 280, 281, 283.
Mullin, vi, 276.
Muma, v, 189, 212; vi, 259.
Mumma, 2, 30; ii, 31, 32, 65, 72, 73; iii, 145, 166, 287; iv, 45, 284, 287; v, 206, 244, 246.
Mummius, iv, 22.
Munch, v, 231, 251.
Münch, iii, 227; iv, 262; vi, 226.
Muncy, iii, 254.
Mund, vi, 190.
Mundel, v, 219.
Mundorf, iii, 252.
Muney, iii, 237, 244.
Münich, iv, 220.

MUNNEY, vi, 280.
MUNNICH, v, 220.
MUNSTERBERG, v, 157.
MUNTZ, iii, 218; vi, 202.
MUNTZEN, iii, 203.
MUNZER, vi, 199.
MURPHY, v, 190, 256; vi, 265.
MURRAY, iv, 214, 232, 247; v, 189, 256; vi, 256.
MUSCH, iii, 183.
MUSCULUS, iv, 222, 236.
MUSEATHUS, iv, 213.
MUSELMAN, v, 218
MUSSELMAN, i, 31; iii, 166; v, 224, 228, 230, 240, 257.
MUTCHLER, vi, 93.
MYER, v, 253, 257.
MYERS, i, 30.
NAEGELE, iii, 253.
NAGEL, ii, 122; iii, 229, 242, 255, 264, 267, 271, 274, 285; iv, 189, 191, 196, 203, 210, 220, 229; v, 174, 179, 188, 196, 198, 206, 219, 231; vi, 212, 255, 262, 263, 268, 273, 277, 279.
NAGELY, iv, 290.
NAGLE, iv, 248; v, 19, 239.
NAI, v, 221.
NAIL, iii, 199.
NAPOLEON, iii, 11, 109; iv, 15, 107, 150.
NAPP, v, 209.
NARDING, iii, 255.
NASH, iii, 281.
NASMANN, vi, 193.

NASS, iv, 242; v, 176, 184, 195; vi, 265.
NAUMANN, iii, 242, 289; iv, 193, 199, 205, 212, 222, 236, 243; v, 173, 182, 197, 260; vi, 254, 263.
NEAD, i, 11, 30; iii, 34, 94, 166; vi, 137.
NEBUS, iii, 227.
NEEF, iv, 129.
NEFF, iv, 253, 255; v, 127, 251, 252.
NEGLEY, ii, 123.
NEIGERWALD, iii, 272.
NEIN, vi, 149.
NEISER, i, 31.
NEISLE, iv, 257.
NEISS, vi, 239.
NEISSER, iv, 62, 128; vi, 137.
NELSON, iv, 16; v, 14.
NERO, v, 122.
NESS, iv, 175; v, 226.
NESSELROTH, iv, 237; v, 191, 199; vi, 266, 276.
NESTELROTH, iv, 229, 246.
NETTER, vi, 223.
NEU, iii, 212, 268, 274, 284, 289; iv, 190, 194, 197, 220, 225, 247.
NEUBECKER, vi, 218.
NEUCOMER, iv, 292.
NEUCOMMER, v, 175.
NEUMANN, iii, 206; iv, 207, 218, 232; v, 232, 248, 252; vi, 248. [280, 284.
NEUSCHWANGER, iv, 275, 278,

NEUSCHWENDER, iv, 215.
NEVIN, iii, 169; iv, 184.
NEWBERGER, vi, 190.
NEWBERRY, iii, 291.
NEWCOMER, iv, 284.
NEWHAUS, vi, 209, 235.
NEWMAN, v, 259.
NEWPHER, i, 31.
NEWTON, iv, 178.
NICE, iv, 215, 216, 261.
NICLAUS, vi, 181.
NICHOLAS, iv, 277.
NICHOLLS, vi, 68, 69.
NICKEL, iv, 255, 256, 257.
NICKOL, iii, 198.
NICLES, iv, 248.
NICOLAS, vi, 208.
NIDY, iv, 266, 267.
NIEB, v, 206.
NIEDT, iii, 197.
NIESS, iii, 229, 279; iv, 200, 207, 217, 232, 248; v, 217.
NITSCHMANN, iv, 60, 62, 65.
NOLL, vi, 185, 187, 191, 195, 198, 205, 217, 222, 239.
NORD, vi, 209.
NORTH, iii, 226, 234.
NUMSEN, i, 45.
NUNGASTER, vi, 192.
NUNGESTER, vi, 186.
NUSS, vi, 179, 198.
NUTTING, iii, 167, 175.
OBELMAN, vi, 226, 232, 240.
OBERDORF, iv, 242; v, 192; vi, 269.
OBERKIRSCH, iii, 203.

OBERLY, iv, 186.
OCHLER, iv, 204, 245.
ODENWALD, iii, 227, 233, 250, 259, 286; iv, 280; v, 177, 187, 192, 257; vi, 255, 281.
ODENWALDER, iii, 242.
ODENWALDT, iii, 282.
OEHLER, iii, 193, 201, 210, 217, 224, 236, 258; iv, 215, 229.
OFFNER, iii, 213, 223.
OFNER, iv, 210, 221, 233.
OGDEN, vi, 70.
OHEMACHT, vi, 219.
OHL, iii, 69.
OHLE, vi, 209.
OHLMEIER, iv, 221.
OHLWEILER, iii, 211, 219, 236; iv, 212; v, 186, 193; vi, 255, 268.
OHLWEIN, v, 178, 189.
OHMACHT, vi, 215.
OHRLE, iii, 167.
OKEBY, iii, 69, 70.
OKELY, vi, 61.
OLIVER, v, 258.
OLSEN, v, 122.
OMELONG, iii, 254.
OMMERT, vi, 145.
ONESIMUS, iv, 65.
OPDEN GRAEFF, iv, 175.
OPP, vi, 70, 137.
ORT, iii, 215; iv, 225, 248, 252; v, 190; vi, 252, 253, 256.
ORTGIESS, iii, 282.
ORTH, iii, 167; vi, 53, 137.
OSCAR II., iv, 72.

Index to Proper Names. 61

OSTER, iii, 195; iv, 257, 259, 262; v, 216, 218, 221, 225, 228, 232, 235, 240, 243.
OTSIQUETTE, vi, 67.
OTT, iii, 197, 205; v, 140.
OTTENBACH, vi, 218.
OTTER, iii, 209. [262; vi, 95.
OTTERBEIN, ii, 129; iv, 250,
OTTMANN, iv, 230, 242; vi, 228.
OTTO, iv, 237, 247; v, 185; vi, 276.
PAALIN, vi, 209.
PACIFICUS, iv, 111.
PACKER, vi, 74.
PAGE, vi, 102.
PAINE, iv, 118.
PALM, vi, 212.
PALMER, iv, 246; v, 181, 187.
PANNEBECKER, iv, 175; vi, 224, 240.
PANSTER, vi, 259.
PAPEN, vi, 152.
PARDEE, iii, 170.
PARKENS, iii, 227.
PARKER, iii, 219, 240; vi, 274.
PARKMAN, i, 23.
PARS, vi, 220.
PARSONS, iii, 158.
PARTHEMORE, i, 6, 11, 25, 30, 33, 82, 83, 93, 94; ii, 65, 73, 80; iii, 6, 16, 31, 32, 34, 147, 148, 149, 167, 168, 175, 176, 179; iv, 6, 43, 44, 47, 49, 51, 52, 155; v, 33, 43, 44, 45, 47, 49, 83, 84, 152; vi, 130, 137.

PASTOR, v, 248.
PASTORIUS, ii, 34, 36, 46; iii, 28, 29, 45, 168; iv, 123, 135; v, 56; vi, 137.
PASER, vi, 239.
PATTERSON, i, 31; v, 170, 178, 189, 200; vi, 259, 260, 274.
PATTISON, ii, 74, 75, 79; iv, 169.
PATTON, v, 88, 89.
PAUL, iii, 27; iv, 194, 261; v, 176, 215; vi, 179.
PAUL V., iv, 140; v, 73.
PAULI, iii, 183.
PAULS, iv, 199.
PAULUS, vi, 43, 72.
PAUSCH, iii, 210.
PAUSMANN, iii, 200.
PAUSSMANN, iii, 276; iv, 191.
PAWLIN, vi, 241.
PAWLING, vi, 190, 209, 222, 229, 235, 239.
PAYNE, vi, 43, 49, 50, 53, 55.
PEALE, ii, 129.
PECHT, iv, 194, 202.
PECHTEL, iii, 265, 269, 284; iv, 203.
PEITZER, iv, 229.
PEITZNER, iv, 239.
PELTZ, vi, 222.
PENN, i, 15, 16, 19; ii, 37, 60, 76, 117; iii, 20, 43, 79, 94, 95, 152, 184; iv, 8, 9, 26, 27, 34, 37, 74; v, 8, 12, 18, 55, 224; vi, 6, 12, 14, 35, 53, 55, 72, 95, 157.

PENNYBACKER, vi, 151.
PENNYPACKER, i, 12, 15, 31, 82, 93, 94; ii, 33, 34, 46, 122, 129; iii, 16, 147, 148, 168; iv, 154, 155, 175; v, 49, 93, 94, 108, 132, 152; vi, 5, 7, 37, 38, 93, 94, 137.
PENS, iii, 271.
PENTER, vi, 195, 200, 225.
PEPPER, v, 105.
PERKINS, iii, 260.
PERSHING, vi, 137.
PERSTEL, vi, 180.
PESSERER, iii, 266.
PESTALOZZI, iv, 129.
PETER, iv, 190, 196, 204, 215, 220, 226, 233, 248, 266, 271, 275, 279, 280, 282, 283, 284, 287, 290, 292; v, 177, 183, 186, 191, 197, 209, 220, 222, 227, 228, 229, 231, 234, 235, 238, 243, 245, 248, 250, 251, 254, 256, 257, 261, 263, 265.
PETERMANN, iii, 214, 228, 246, 264; iv, 247; v, 178, 186, 192; vi, 217, 234, 237, 240, 253, 259, 266, 269, 274.
PETERS, ii, 125; iv, 252; v, 155, 181, 213; vi, 72, 137.
PETERSEN, iv, 158.
PETRI, vi, 206.
PETRIE, iv, 181.
PETRY, iv, 277, 281, 288, 292.
PETTERMANN, iii, 208.
PETTISON, iii, 270.
PETZ, v, 178; vi, 237.

PEUSTER, vi, 225.
PEYER, v, 136, 140.
PEYROT, iii, 229.
PFAAD, vi, 209.
PFAD, vi, 221.
PFANNER, vi, 209.
PFAUTZ, iii, 202, 248, 254; iv, 281.
PFEFFERLE, iii, 235, 265.
PFEIFFER, iii, 218, 275; iv, 260, 265; v, 203.
PFEIFFLE, iii, 236, 243.
PFEISTER, vi, 195.
PFETZER, iii, 206.
PFISTER, iv, 284; v, 134.
PFLIEGER, iii, 216.
PFLUEGER, iii, 289.
PFLUG, iv, 206, 219, 230, 240; v, 190, 236; vi, 261.
PFLUGER, v, 227, 230, 234; vi, 197.
PFLÜGER, iii, 201, 210, 268; iv, 195, 233.
PFORINGER, iv, 190.
PHALING, vi, 239.
PHARINGER, iv, 195, 199.
PHAROAH, iv, 113; v, 73.
PHILIPP, iii, 212; vi, 267.
PHILIPPS, iv, 215.
PHILIPS, iv, 231, 236, 248; v, 181, 189, 197, 246, 249, 259; vi, 63, 64, 227, 257.
PHILLIPS, iii, 159, 225; iv, 107, 208.
PHRYNE, iv, 135.
PICHLER, iii, 260.

Index to Proper Names. 63

PICKEL, iv, 199, 212, 213; vi, 193, 268.
PIDGEON, vi, 283.
PIE, iv, 282, 284, 285, 289, 292; v, 206, 214, 218, 228.
PIETERMAN, vi, 214.
PILGRAM, iv, 281.
PINKHAM, vi, 87.
PITCHER (MOLL), vi, 87.
PITTEL, vi, 245, 248.
PIZARRO, iv, 148.
PLACIDIA, iv, 22.
PLATT, iv, 176.
PLATTENBERGER, iii, 257, 263; iv, 215, 228, 239, 245; v, 179.
PLATZ, iv, 220.
PLENLER, iv, 267.
PLESS, vi, 275.
PLINY, v, 75.
PLOCKER, vi, 283.
PLOCKHOY, ii, 34, 42.
PODASCHWA, vi, 237.
POLETON, vi, 247.
POLICH, vi, 234.
POLK, i, 74; iv, 262.
POLLOCK, iii, 183; iv, 152.
POMERENE, v, 179, 188, 196, 198.
POMPEY, iv, 150.
PONITOM, vi, 236.
PORTER, ii, 25; iii, 93, 168, 169; iv, 164; v, 133, 193; vi, 22, 37, 38, 94, 103, 105, 137, 254, 256.
PORTERFIELD, iv, 218.

POSSENMEIER, iii, 269.
POST, ii, 121.
POTS, iv, 234; vi, 242.
POTT, v, 254, 261.
POTTER, iii, 38.
POTTSFIELD, iv, 292; v, 249.
POWEL, iv, 210; v, 122; vi, 150.
PRACHT, vi, 201.
PRAG, iv, 265.
PRATT, vi, 266, 272, 273.
PREISS, iii, 215; vi, 201.
PRICE, vi, 277.
PRIES, iii, 198.
PRINTZEL, v, 224.
PRITZ, v, 212.
PRITZIUS, iii, 235, 242, 250, 260.
PROTZMAN, vi, 207, 212, 223, 232, 234, 242.
PUFF, vi, 245.
PULASKI, iv, 94, 95; vi, 61, 78.
PURO, v, 177.
PUTNAM, iii, 74, 75.
PYRLAEUS, iv, 65.
PYTHAGORAS, iv, 135.
QUAST, v, 220.
QUICKEL, iii, 192, 195, 201, 204, 246, 263.
QUICKLY, v, 185.
QUIKEL, iii, 254.
RAAB, iii, 261.
RAB, v, 190, 198.
RABANUS, vi, 226.
RABE, vi, 219, 225.
RABENS, vi, 227.

RABOTEAU, vi, 248.
RACK, v, 265.
RACKE, iv, 262.
RACKY, iv, 201, 241.
RADEMACHER, v, 230.
RAEMLE, iv, 213, 231, 245; v, 180, 188.
RAFFÆLLE, iv, 17.
RAHL, vi, 218.
RAHM, iv, 258, 292.
RAHN, vi, 204, 227, 232, 235, 240, 241.
RAIBLE, iv, 100.
RAIKES, ii, 39, 85.
RAINE, iv, 144.
RALEIGH, iii, 64, 97.
RAMBOW, vi, 205, 211.
RAMLE, v, 192, 197.
RÄMLE, vi, 280.
RAMSAUER, vi, 178, 191, 194, 201.
RAMSAUGER, vi, 178, 179.
RAMSEY, ii, 124; v, 107.
RAMSTER, vi, 213.
RANCK, i, 31; iii, 171; iv, 175; v, 252, 261.
RÄNCKER, iii, 199.
RANDOLPH, iii, 161.
RAPP, iii, 267; iv, 204; vi, 212, 223.
RAS, v, 226.
RASSMAN, v, 241, 244, 246.
RASTIOR, vi, 181.
RATH, vi, 137.
RATHELSPERGER, iv, 289.
RATHEMACHER, v, 224.
RATHFON, iv, 197, 205, 256.
RATHMACHER, v, 179.
RATHVON, ii, 125; iii, 203; iv, 191, 231, 242; v, 180, 196; vi, 33, 94, 253, 263, 280.
RAU, iii, 243, 246, 251, 258, 263; iv, 177, 178, 190, 197, 207, 222, 233; vi, 137.
RAUB, iv, 241.
RAUCH, i, 6, 12, 30, 33, 45, 82, 93, 94; ii, 128; iii, 16, 142, 147, 148, 171, 172, 173; iv, 43, 49, 52, 64, 65, 154, 155; v, 9, 33, 45, 50, 51, 52, 70, 81, 82, 83, 84, 152; vi, 59, 93, 94, 95, 130, 137.
RAUFELD, vi, 192.
RAUFF, vi, 180.
RAUH, iii, 276, 283.
RAUP, iv, 228, 230, 246.
RAUSCHENBACH, iii, 224.
RAUTFOON, iii, 274.
RAWLINGSON, v, 187.
RAWLINSON, v, 177.
RAYEL, iv, 259.
RAYER, vi, 233, 234, 235, 238, 239.
RAYMEYER, iv, 222.
RAYSER, iii, 221.
READ, iv, 31; v, 89, 96.
REAMLE, v, 180.
REBERT, iv, 178; v, 257; vi, 137.
REBURG, iii, 291.
RECKERS, vi, 211.
REDEBACH, iii, 271.

Index to Proper Names. 65

RED JACKET, vi, 67.
REDSACKER, v, 151.
REDSECKER, i, 31, 33; ii, 102; iii, 32, 147, 174, 179; iv, 178; vi, 76, 137.
REE, v, 256, 263.
REED, iii, 156; v, 164, 256, 258, 264; vi, 65.
REEDY, vi, 277.
REES, iv, 230; v, 173, 179; vi, 224, 252, 268.
REGE, iv, 284, 286, 289.
REGELMANN, iii, 239.
REGER, iv, 271.
REHBURG, iii, 241, 252.
REHKOPF, vi, 214.
REIBER, v, 188; vi, 192.
REICHARD, vi, 228, 245.
REICHEL, ii, 129; iv, 62, 65; vi, 42.
REICHENBACH, iii, 143.
REICHENBACHER, vi, 213.
REID, v, 219, 244; vi, 257.
REIDEBACH, iii, 285.
REIDER, vi, 137.
REIDESEL, ii, 12.
REIDY, v, 167.
REIER, vi, 244, 245, 246, 247.
REIFF, i, 30; ii, 44; iii, 242.
REIGERT, v, 205.
REIIZ, v, 228.
REILY, v, 236.
REIMER, v, 170; vi, 241.
REIN, iii, 268, 270, 277, 281; v, 195, 198; vi, 241, 253, 254, 261, 265, 272, 282.
REINAR, vi, 213, 217, 231.
REINARD, vi, 234.
REINER, iv, 235, 248; v, 186.
REINHARD, iii, 211, 248; iv, 275, 288, 291; v, 194, 211, 235, 246, 253, 257, 261, 264; vi, 193, 201, 217, 229, 267.
REINHARDT, iii, 276; iv, 199, 210, 213; vi, 188.
REINHART, iii, 199, 214, 217, 221, 226, 237, 241, 248, 256, 260; iv, 225; v, 191, 206, 242; vi, 156. [iii, 174.
REINHOLD, i, 30; ii, 24, 132;
REINOEHL, i, 31; iii, 174, 176; iv, 45, 151; v, 91; vi, 137.
REIS, iii, 193, 208.
REISCHLING, iv, 208, 235.
REISER, vi, 198, 199, 202, 214.
REISHLING, iv, 219. [194.
REISINGER, iii, 201, 263; v,
REISS, iii, 199, 206; iv, 224; vi, 206.
REISSINGER, v, 199; vi, 269.
REIST, i, 31, 131; iii, 24, 176; vi, 156.
REITENAUER, iii, 268.
REITER, iv, 289; v, 203, 209; vi, 197, 206.
REITLINGER, iii, 277.
REITSEL, v, 253.
REITZ, v, 221, 224, 226, 233, 237, 240, 242.
REITZEL, iv, 266, 269, 274, 279, 283, 287; v, 207, 223, 236, 242, 248, 255, 258, 260.

REJRIE, iv, 195.
RENER, iv, 194.
RENN, vi, 222.
RENNER, iii, 291; iv, 279, 289;
v, 204, 206, 254.
RENNINGER, iii, 243.
RENSCHER, iv, 252, 266.
RENSSELEAR, iv, 157.
REPERT, v, 250.
RESCH, v, 231.
RESER, iv, 260.
RESH, v, 229.
RESSLEY, iii, 163.
RESTER, v, 266.
REUER, iii, 288.
REUSCHLIN, iii, 287; iv, 190.
REUSCHLING, iv, 200.
REUSS, iv, 290.
REUTER, vi, 202.
REUTLINGER, iii, 270; v, 181, 196; vi, 269.
REUTTER, vi, 186.
REVERE, iii, 38.
REVERT, v, 176.
REYER, vi, 208, 215, 242, 243.
REYOT, iv, 286.
RHOADS, iv, 178; v, 165, 166; vi, 138.
RHODY, iii, 197.
RIBER, iii, 271.
RIBLET, iv, 288; v, 247, 251, 255, 260; vi, 256.
RICE, iv, 178; vi, 43, 72, 137.
RICHARD, iv, 223; vi, 277.
RICHARDS, i, 31; ii, 29, 69; iii, 82, 176, 177; iv, 50, 96;
v, 50, 51, 52, 108, 152; vi, 14, 20, 21, 76, 82, 94, 130, 137, 254, 266.
RICHARDSON, vi, 137.
RICHELIEU, iv, 24.
RICHTER, iii, 210, 236, 244, 253, 258, 272, 281; iv, 282, 288, 292; vi, 201.
RICK, vi, 137.
RICKERT, iii, 275, 290; iv, 208, 229; vi, 275, 283.
RICKSECKER, iii, 174; iv, 159.
RIDDEL, iv, 245; v, 189.
RIDESILLE, v, 197.
RIEBER, iii, 239, 248, 256; iv, 208, 232; v, 194, 244.
RIECKEL, iii, 284.
RIECKER, iii, 240.
RIED, iii, 153; v, 250.
RIEDESEL, vi, 63, 64.
RIEGEL, vi, 43.
RIEGER, iv, 211; v, 229, 232.
RIEGERS, iii, 209.
RIEHM, iv, 288, 292; v, 207, 211, 233.
RIEKER, iii, 255.
RIEM, iv, 276, 279.
RIES, v, 135, 191, 221, 228, 231, 232.
RIESER, vi, 192, 231, 247.
RIGG, vi, 261.
RIKEL, iii, 225.
RIKER, iii, 231.
RILEY, vi, 102.
RINEHARDT, iv, 192.
RING, iii, 222; vi, 273.

Index to Proper Names. 67

RINGEL, iii, 211.
RINGER, iv, 262.
RINKER, vi, 72.
RISE, iii, 178; vi, 137.
RISER, vi, 181.
RISSEL, v, 239.
RITNER, i, 67; ii, 17, 127; iii, 29, 44, 45, 46, 93; iv, 35, 147; v, 9; vi, 12, 101.
RITTENHOUSE, ii, 34, 38, 126; iii, 158; iv, 147; v, 56, 99; vi, 65, 93, 152.
RITTER, iii, 125, 210; iv, 178, 204; vi, 137, 193, 198, 203, 205.
RITZMÜLLER, iii, 270.
ROBB, v, 265. [155, 268.
ROBERTS, iv, 219, 227; vi, 151,
ROBESON, v, 245.
ROBIN, iv, 232.
ROBINSKY, iv, 208, 242; v, 190.
ROBINSON, iv, 178, 226, 234.
ROBISON, v, 254, 264; vi, 234, 280.
ROBUSKY, v, 238.
ROCHAMBEAU, vi, 66.
RODGERS, iii, 204.
RODY, iii, 215, 230.
ROE, v, 250.
ROEBLING, i, 44.
ROEBUCK, vi, 138.
ROEDER, i, 31.
ROEGER, iv, 203.
ROEMELE, iii, 265; iv, 204.
ROESER, iv, 277; v, 217, 219, 220, 223, 225.

ROGATE, vi, 189.
ROGER, iv, 209.
RÖGER, iii, 218, 231, 240, 253.
ROH, v, 242; vi, 266.
ROHRBACH, vi, 188, 193, 202.
ROHRER, iii, 178, 179; iv, 290; v, 178, 234; vi, 138.
ROHRING, iv, 245.
ROHRMANN, vi, 246.
ROLAND, iii, 280; iv, 236.
ROLLARD, iv, 279.
ROLLER, vi, 138, 150, 151, 220.
ROMEL, iv, 291.
ROMIG, iii, 220, 224, 239, 252.
ROMMEL, iv, 276, 279, 281, 282.
RON, iv, 236.
ROOS, vi, 246.
ROOT, v, 130.
RORIG, v, 180.
RÖRIG, v, 196.
ROSCH, iii, 165.
ROSE, vi, 213, 218, 219, 225, 245, 247.
ROSEBRUGH, v, 24.
ROSER, iv, 263, 264, 274; v, 229, 233.
ROSING, iii, 246, 256.
RÖSLER, iii, 222, 239.
ROSS, iii, 179; iv, 178, 179, 208, 221; vi, 137, 273.
ROSSER, iv, 268, 271.
RÖSSLE, iii, 226, 235, 254.
ROSSLER, iv, 264, 281.
ROST, iv, 280.
ROTE, v, 224, 225, 254, 263.

Roth, iii, 290; iv, 178, 194, 204, 209, 246; v, 165, 208, 221, 229, 237, 239, 240, 243, 249, 253, 257; vi, 239, 241, 248, 272, 281.
Rothacker, iii, 280, 287; iv, 192, 202, 215, 229.
Rothbaurt, iii, 276.
Rothel, vi, 203.   [138.
Rothermel, i, 65; ii, 129; vi,
Rothfoon, iii, 287.
Rothrock, vi, 94.
Rotlere, vi, 211.
Row, iii, 288.
Rowe, iii, 172.
Rowlingson, v, 198; vi, 261, 270, 282.
Rowlison, iv, 235.
Royer, iii, 187.
Rub, iii, 194.
Rubble, iii, 202.
Rubby, iv, 232.
Rubel, vi, 49.
Ruble, v, 244.
Rublet, v, 206.
Rubli, iii, 194.
Rubly, iv, 214, 247.
Rubsamen, iv, 269, 272.
Ruby, v, 193.
Ruder, vi, 240.
Ruderelie, v, 175.
Rudesill, iii, 210.
Rudesille, v, 180, 194; vi, 252, 259, 260, 268, 277.
Rudesily, iii, 229, 237, 243, 252, 262, 271, 273; iv, 223.
Rudessille, iii, 193.
Rudiger, v, 178.
Rudisell, iii, 285.
Rudisil, iv, 195, 206, 215, 256, 288.
Rudisily, iv, 238.
Rudolf, vi, 200.
Rudolph, v, 260.
Rudy, iv, 146, 256; v, 210, 233, 238.
Ruebelet, iv, 281.
Rueber, iii, 287, 292; iv, 202.
Ruehl, iii, 193; iv, 207.
Ruetlinger, v, 173.
Rufus, v, 122.
Ruger, vi, 219.
Ruhl, vi, 197.
Rumel, v, 237, 260.
Rumetpfen, vi, 214.
Rumff, iii, 269.
Rummel, iii, 273, 274, 291; iv, 231, 266, 286; v, 192, 209, 243, 245, 248, 256; vi, 259, 272.
Rummele, iii, 248.
Rümmele, iii, 214, 215, 224, 259.
Runck, v, 258.
Runckel, vi, 201, 202, 203, 204, 213.
Rung, iii, 273, 286; iv, 197; v, 203, 249.
Rupele, iii, 268.
Rupp, ii, 10, 129; iii, 208; iv, 74, 75, 85; vi, 43, 74, 92, 94, 138, 220.

Index to Proper Names. 69

RUPPELE, iii, 209.
RUSCHENBERGER, vi, 36.
RUSCHER, iii, 245, 258; iv, 214.
RUSH, i, 65; iii, 165.
RUSING, iii, 280, 292; iv, 198, 222; v, 204.
RUSS, v, 136.
RUSSELL, iv, 164; vi, 275.
RUSSING, iv, 290; v, 221.
RUTH, iv, 38, 109; v, 130, 146.
RUTHVON, vi, 90.
SAAL, iii, 257.
SAARBACH, iv, 257, 276, 278.
SABEL, v, 198; vi, 258.
SACHSE, i, 6, 11, 30, 32, 82, 93; ii, 29, 106; iii, 16, 32, 33, 34, 51, 81, 147, 179; iv, 43, 50, 52, 154; v, 52, 152; vi, 21, 93, 130, 138, 159.
SACKET, iv, 223, 243.
SADTLER, vi, 94.
SAEGMILLER, v, 245, 261, 262.
SAELER, iv, 259.
SAGMILLER, v, 237.
SAHLER, vi, 198, 236, 242.
SÄHLER, vi, 191, 192, 193, 197, 201, 207.
SÄHLOR, vi, 182.
SAHM, vi, 138.
ST. AUGUSTINE, iii, 169.
ST. BONIFACE, iv, 24.
ST. MENIN, ii, 129.
SALISBURY, iv, 135.
SALLER, vi, 185.
SALT, iv, 192.
SALTZMAN, v, 250.

SALZMANN, iii, 248; v, 186, 195; vi, 264, 280.
SAMAN, iv, 260.
SANDEAUX, vi, 262.
SANDEL, vi, 24.
SANDER, iii, 216.
SANDERSON, iii, 200.
SANDO, vi, 252.
SANDOW, iii, 284.
SANDT, vi, 43.
SÄNGER, vi, 180.
SANTAU, iii, 267.
SANTEAU, iii, 223, 252, 260.
SARBACH, iv, 262, 268, 288.
SARTO, v, 122.
SASSARMAN, iv, 79.
SATTELTHALER, iii, 214.
SAUBER, v, 185.
SAUER, ii, 114, 124, 127; iii, 17, 47, 193, 201, 231; iv, 190, 212; vi, 192, 194, 208, 215, 220, 228.
SAUERAPF, iii, 236.
SAUL, iii, 150.
SAUR, ii, 38, 39, 40; iv, 258; vi, 9, 11.
SAUTER, iv, 209, 220.
SAYLOR, i, 31.
SAYRE, vi, 155.
SCHAADT, vi, 138.
SCHADE, iv, 79.
SCHAEFER, iii, 193, 213, 223, 228, 239, 243, 253; iv, 209, 213, 217, 227, 241, 242, 247; v, 181, 183, 188, 193; vi, 255, 272.

SCHAEFFER, iii, 193, 201, 233, 237; iv, 35, 81, 88, 104, 179; v, 50, 70, 91, 101, 117, 152, 163; vi, 94, 95, 130, 138.
SCHAERTEL, iii, 242, 250.
SCHAEURICH, iii, 215, 220, 227, 241, 247, 248, 256.
SCHAFF, iii, 169, 272; v, 185.
SCHAFFNER, iii, 272; iv, 252, 259, 261, 262.
SCHAFNER, vi, 259.
SCHALL, iii, 187; v, 226.
SCHALLEBERGER, vi, 256, 269, 278.
SCHAMBORNAR, vi, 201.
SCHANNET, iii, 290.
SCHANTZ, i, 31, 71, 72, 81; iii, 7, 83, 118, 119, 123, 142, 179; iv, 179; v, 83; vi, 21, 38, 111, 130, 138, 153, 162, 264, 276.
SCHARF, vi, 242.
SCHARTEL, iii, 217.
SCHAUM, v, 181, 192, 196; vi, 228, 237, 258, 262, 267, 275, 277, 278.
SCHEE, v, 191.
SCHEETS, iv, 265.
SCHEIB, iv, 201, 223; v, 178; vi, 256, 271, 272, 278.
SCHEICKEL, iii, 270.
SCHEID, iv, 267, 272.
SCHEIDT, iii, 272.
SCHEIMER, iii, 123; vi, 152.
SCHEITEL, iii, 257. [222, 231.
SCHELL, iii, 212; v, 164, 212,
SCHELLEBERGER, vi, 262.
SCHELLER, iv, 239, 246; v, 189.
SCHELLHAMER, iv, 7.
SCHELLIG, vi, 213, 248.
SCHELLING, iii, 240, 241, 249.
SCHENCK, iii, 271, 278, 291; v, 246, 250; vi, 191.
SCHENK, iii, 231, 236, 246, 260, 267; iv, 193, 197, 202, 213; v, 121, 247, 253; vi, 20, 256.
SCHENKMAYER, iv, 264.
SCHEPF, vi, 67.
SCHERER, vi, 190, 223, 229, 234, 246.
SCHERING, vi, 211, 213.
SCHERRER, vi, 200.
SCHERTEL, iii, 211, 269; vi, 216. [240.
SCHERTLIN, vi, 216, 223, 225,
SCHERTZ, iv, 257; vi, 225.
SCHERZER, iii, 218, 225; iv, 224; v, 181, 185; vi, 259.
SCHEUCHER, vi, 211.
SCHEUERMANN, iv, 205.
SCHEURICH, iii, 264; iv, 230, 246.
SCHEURIG, iii, 273; iv, 238, 247; v, 178, 179, 186; vi, 255, 270.
SCHEURMANN, iii, 249.
SCHEWRIG, iii, 211; v, 193.
SCHEYHING, vi, 215.
SCHIEB, vi, 230.
SCHILLER, iii, 136, 188; iv, 36; v, 69, 114; vi, 87.

Index to Proper Names. 71

SCHILLIG, iii, 181, 269. [234.
SCHILLING, vi, 213, 229, 233,
SCHILLINGER, iii, 215.
SCHIMPER, vi, 259.
SCHINDEL, i, 74; iii, 123, 157, 205, 211, 217, 222, 225, 226, 231, 232, 235, 236, 241, 244, 252, 255, 256, 269, 270, 278; iv, 169, 208, 212, 224, 225, 226, 233, 246; v, 182, 183; vi, 251, 256, 266, 268, 278, 282.
SCHITTENHELM, iv, 196, 215.
SCHITTERLE, iii, 270.
SCHLAMILCH, v, 233.
SCHLATTER, ii, 120; iii, 47, 55, 68, 121; iv, 125, 126, 233, 239, 250, 258; v, 22, 23, 56, 59, 131, 174, 179, 184, 192; vi, 106, 252.
SCHLÄTZ, vi, 227.
SCHLAUCH, iii, 281; iv, 197, 206, 219, 255, 265.
SCHLAUGH, v, 249.
SCHLECK, iv, 286.
SCHLEICHER, vi, 194.
SCHLEIFFER, iii, 248; iv, 254.
SCHLENKER, v, 158.
SCHLETTER, iv, 214.
SCHLEUFER, vi, 207.
SCHLEYDORN, vi, 197, 209.
SCHLICHTER, v, 184; vi, 253; 264.
SCHLOSS, vi, 233.
SCHLOSSER, ii, 9; iv, 252, 253; 256; vi, 50.
SCHLOTT, iv, 209, 226, 239; v, 196.
SCHLUTT, iii, 289; iv, 200.
SCHMALL, vi, 200.
SCHMAUK, i, 6, 8, 12, 31; iii, 33, 82, 148, 179, 180; iv, 42, 52, 154; v, 10, 11, 152; vi, 130, 138.
SCHMAUS, iv, 213, 238.
SCHMECK, iv, 272.
SCHMELING, iv, 211.
SCHMELL, vi, 220, 221.
SCHMEZ, iv, 193.
SCHMID, vi, 193, 197, 209, 214, 217, 228, 244.
SCHMIDEKNECHT, iii, 211, 216.
SCHMIDT, iii, 202, 210, 214, 225, 230, 252, 253, 255, 262, 266, 267, 274, 275, 276, 280, 284; iv, 197, 203, 205, 207, 208, 209, 213, 216, 220, 222, 223, 230, 238, 240, 248, 258; v, 122, 174, 179, 184, 185, 186, 190, 192, 197, 198, 199; vi, 154, 180, 181, 190, 200, 203, 208, 215, 251, 254, 257, 258, 261, 266, 267, 268, 269, 271, 273, 274, 276.
SCHMIED, iv, 259; vi, 220.
SCHMIEDKNECHT, iii, 207.
SCHMITT, iii, 234, 237, 240, 243, 246, 247, 248, 250, 253, 254, 259, 261, 262; vi, 226.
SCHMOL, v, 258, 262; vi, 216.
SCHMUCK, iii, 200, 232; iv, 262, 277, 282.

SCHMUCKER, ii, 128; v, 21; vi, 95.
SCHMULL, iii, 183.
SCHMYSER, ii, 44.
SCHNÄBELE, vi, 180, 181.
SCHNALL, vi, 191.
SCHNAUBER, vi, 182.
SCHNEBELI, vi, 181.
SCHNEBLE, v, 223.
SCHNECK, vi, 95.
SCHNEIBER, iii, 246.
SCHNEIDER, iii, 67, 196, 200, 202, 206, 207, 210, 213, 216, 218, 219, 225, 233, 235, 242, 263, 267, 269, 271, 276, 277, 280, 283, 284, 287; iv, 87, 190, 196, 197, 199, 201, 210, 212, 218, 221, 224, 230, 233, 238, 241, 244, 245, 257; v, 122, 175, 178, 182, 183, 184, 186, 188, 191, 193, 196, 197; vi, 182, 187, 195, 196, 211, 223, 231, 232, 238, 240, 254, 255, 258, 259, 264, 267, 268, 269, 276, 282.
SCHNEIDERMAN, iv, 264.
SCHNELL, v, 198; vi, 245.
SCHNER, v, 197; vi, 267.
SCHNEYDER, iii, 261, 273.
SCHNORR, iv, 250, 258.
SCHNUTZ, v, 210, 214, 217.
SCHOBER, iii, 180; iv, 180, 233; vi, 139.
SCHÖBER, iv, 180.
SCHOCH, iii, 155. [86, 139.
SCHOCK, iii, 180; v, 186; vi,
SCHOENBERGER, iii, 229.
SCHOENER, vi, 172, 174.
SCHOERTEL, iii, 233, 259.
SCHOFF, iii, 165.
SCHOK, iv, 203.
SCHOLLA, v, 180.
SCHOLLENBERGER, vi, 154.
SCHOLTE, vi, 265, 270, 280.
SCHONAU, v, 177.
SCHÖNEBERGER, iii, 254.
SCHÖNER, vi, 166, 167, 170, 172, 173.
SCHÖNFOLZER, vi, 191, 198.
SCHÖNHAUSER, vi, 182.
SCHÖNHOLTZER, vi, 196.
SCHOP, iv, 277; v, 222.
SCHOPFF, iii, 223, 229, 245; vi, 192, 202.
SCHOPFS, iii, 268.
SCHOPP, v, 206.
SCHÖRER, vi, 242.
SCHOTT, iii, 238, 242, 249; iv, 232, 242, 273; vi, 252, 256, 265, 270, 278.
SCHLOTTER, iv, 257.
SCHRACK, vi, 171, 174, 175, 182, 186, 187, 192, 197, 204, 207, 208, 211, 212, 217, 218, 222, 230, 231, 238, 240, 241, 242, 244, 246.
SCHRAK, vi, 167, 168, 172.
SCHRAUT, vi, 220.
SCHREBER, vi, 27.
SCHREIACK, iii, 194.
SCHREIBER, iii, 193, 238, 257; iv, 239, 244, 254, 256, 259;

Index to Proper Names. 73

v, 178, 187, 227, 233; vi, 254, 263, 277.
SCHREIER, iii, 196, 198, 207; vi, 226, 239.
SCHREIHER, v, 194.
SCHREINER, iii, 193, 200, 211, 228, 230, 255, 263, 265, 266, 271, 275, 281, 286, 290; iv, 192, 194, 198, 202, 203, 206, 209, 210, 212, 216, 217, 219, 227, 236, 237, 238, 264; v; 174, 182, 191, 192, 196, 222, 223; vi, 252, 254, 263, 272, 273.
SCHREIVER, iii, 154.
SCHRENCK, iii, 208.
SCHRENK, iii, 216, 227, 240; v, 195; vi, 208.
SCHREY, iii, 231, 241, 249.
SCHREYAK, iii, 201.
SCHREYARK, iii, 209.
SCHREYER, iii, 223, 233; iv, 265; vi, 227.
SCHRIEGEL, vi, 206.
SCHRIMER, vi, 182.
SCHROEDER, iii, 270.
SCHROF, v, 173.
SCHROL, iv, 265.
SCHRONK, v, 188; vi, 199.
SCHROPP, iv, 180, 181; vi, 48, 139.
SCHROY, iii, 223.
SCHRUCK, v, 178.
SCHRUMER, vi, 201.
SCHUB, vi, 206.
SCHUCK, iv, 231; vi, 266.
SCHUD, vi, 199.
SCHUERICH, vi, 281.
SCHUG, v, 170,
SCHUH, iv, 196.
SCHUK, iv, 195; vi, 236.
SCHULER, iii, 255, 267, 274, 283, 289; iv, 195, 203, 231, 239, 245; vi, 252.
SCHULTZ, ii, 9; iii, 180; iv, 30, 32; v, 9; vi, 162, 171, 172, 173, 174.
SCHULTZE, vi, 54, 165, 166, 167, 169, 170.
SCHULZ, iv, 32, 229, 239, 248; vi, 165.
SCHULZE, iii, 93; iv, 224.
SCHUMACHER, iii, 246; vi, 149.
SCHUMANN, iii, 217, 229, 241, 250, 281; iv, 198, 238, 247; v, 180, 189, 198; vi, 252, 272, 280, 281.
SCHUNCK, vi, 193, 201, 208.
SCHUNK, vi, 178, 187.
SCHURZ, iv, 143. [280.
SCHÜSLER, iii, 272; vi, 271,
SCHÜTTERLE, iii, 240, 245, 255, 279.
SCHÜTTLER, vi, 221.
SCHUTZ, iv, 259; v, 189, 216, 219.
SCHÜTZ, iii, 241; iv, 191, 224, 240; v, 222.
SCHUYLER, vi, 58.
SCHÜZ, iii, 244, 282.
SCHWAAB, iii, 214, 222.
SCHWAB, iii, 197, 203, 209.

SCHWALLER, vi, 187.
SCHWARTZ, iv, 181, 257; v, 237; vi, 138, 149, 227, 230, 237.
SCHWANZEL, iv, 206.
SCHWARZ, iii, 271, 282; iv, 196, 210, 223, 239; v, 122.
SCHWEDTE, iii, 279.
SCHWEICHHARDT, iii, 195.
SCHWEICKER, iv, 248; v, 197; vi, 266, 268, 275, 281.
SCHWEICKERT, iv, 243; v, 183, 185, 196.
SCHWEIGER, iv, 265; v, 193.
SCHWEIKER, iv, 202, 213, 221; v, 238.
SCHWEIKERT, iv, 260; v, 189.
SCHWEIN, iii, 204, 210, 270, 282.
SCHWEINFURT, iii, 223.
SCHWEINITZ, iv, 72; v, 33; vi, 31, 32, 33.
SCHWEISGUT, iv, 236, 245.
SCHWEISSHELM, iii, 230.
SCHWEITZER, iii, 225; iv, 191, 273, 279, 286, 287, 291; v, 170; vi, 156, 181, 263, 269, 275.
SCHWEIZER, iii, 231, 238, 247, 254, 261, 262, 272, 287; iv, 199, 206; v, 174.
SCHWEMLE, iii, 276.
SCHWENCK, vi, 203, 235, 270.
SCHWENDT, iii, 289.
SCHWENK, ii, 123; v, 184; 189; vi, 256, 263, 282.

SCHWENKFELD, ii, 38; iii, 42.
SCHWENZEL, iv, 220; v, 185, 192; vi, 253.
SCHWIEGER, v, 178.
SCHWING, vi, 188, 194, 209.
SCHWINZEL, v, 173.
SCHWOB, iv, 291.
SCHWORDT, iv, 191.
SCIPIO, iv, 22.
SCOTT, v, 79, 95; vi, 200, 279, 282.
SEABROOK, v, 238.
SEBASTIAN, vi, 180.
SECKET, v, 177.
SEEBIG, iii, 289.
SEECHRIST, iii, 194.
SEELER, iii, 215.
SEELIG, iii, 262.
SEEMANN, iii, 215.
SEFFRENZ, iii, 286.
SEHNER, iii, 181, 207, 214, 224, 246, 259; v, 182, 189; vi, 279.
SEIB, iii, 199, 276, 280, 291; iv, 194, 200, 204.
SEIBEL, iii, 264.
SEIBERLING, vi, 154.
SEIBERT, vi, 254, 261, 272.
SEIBLE, v, 199.
SEIDEL, vi, 43, 74, 189, 196, 200, 203, 211, 214, 218, 220, 221, 222, 223. [178.
SEIDENSPINNER, iv, 247; v,
SEIDENSTICKER, i, 27, 32, 70, 71; iv, 123, 153, 242; vi, 103.

Index to Proper Names. 75

SEIFFERT, v, 234; vi, 139.
SEIGFRIED, v, 27.
SEIL, iii, 265, 272.
SEILER, iv, 257; vi, 177, 206, 244, 248.
SEINAAR, vi, 231.
SEIP, vi, 153.
SEIPEL, v, 184; vi, 259.
SEISS, vi, 95, 109.
SEITENSTICK, iv, 228.
SEITZ, iv, 219, 253, 255, 275; v, 193; vi, 259.
SEIZ, iii, 248.
SEKATZ, iii, 271.
SEKAZ, iii, 283, 287.
SELBERT, vi, 269, 275, 282.
SELIG, iii, 270; iv, 217; vi, 229, 281.
SELIUS, vi, 206.
SELL, iv, 181; vi, 94, 139.
SELLEN, iv, 175.
SELLERS, iii, 163; vi, 72, 150.
SELTZER, iii, 181; v, 220, 224, 229, 234; vi, 139.
SENER, i, 31; ii, 29, 32, 68, 71; iii, 27, 82, 181, 191; iv, 52, 155, 157, 181, 182; v, 152; vi, 139.
SENG, iii, 198, 215, 220, 230, 254, 271, 285.
SENGER, iii, 240, 253; iv, 210; v, 177; vi, 266.
SENGIR, iii, 245.
SENGHASS, iii, 240.
SENK, iv, 257.
SENKY, iii, 200.

SENN, iv, 218.
SENSEL, v, 237.
SEQUOIYAH, vi, 28.
SERBACH, iv, 259.
SETZLER, vi, 179, 192, 217, 223, 232, 233, 235, 241, 243, 245.
SEYB, iv, 291.
SEYBEL, iii, 267, 286; iv, 196.
SEYBERT, iii, 250, 261; iv, 286; v, 203.
SEYD, iii, 268.
SEYDEL, vi, 191, 194, 246.
SEYLER, iv, 262.
SEZLER, vi, 219.
SHACKLETT, vi, 152.
SHADNER, v, 230.
SHAEFER, iv, 280, 282, 283, 286, 287, 289; v, 205, 207, 211, 215, 217, 218, 220, 221, 227, 228, 232, 247, 248, 251, 252, 254, 255, 259, 262, 263.
SHAEFFER, iv, 263, 266, 275, 277, 278, 279; v, 205, 213, 214.
SHAFER, iv, 274; v, 216, 223, 224, 231, 239, 245.
SHAFFER, v, 233, 234, 235, 239, 241, 243.
SHAFFNER, iv, 181, 266, 271, 274, 279, 280, 287, 289, 290; v, 204, 207, 208, 211, 241, 243.
SHAFNER, v, 215, 220, 225.
SHAKESPEARE, iii, 97, 100, 106; v, 69; vi, 32, 87.

SHANNON, vi, 61, 274.
SHANTZ, iv, 291.
SHARD, v, 236, 240, 246.
SHART, v, 232.
SHAUM, v, 243.
SHEA, iv, 181; vi, 139.
SHEAFFER, ii, 131; iv, 186.
SHEELEIGH, i, 32; iii, 51, 61, 181; vi, 95, 138.
SHEFFER, iv, 264, 267, 269, 273.
SHEIBLY, iv, 265.
SHEID, iv, 270, 274.
SHEIERMAN, v, 224.
SHEIRIG, v, 252.
SHELDEN, iv, 137.
SHELL, v, 210, 233.
SHENCKEL, iv, 265.
SHENK, i, 31; iii, 181, 241; iv, 267; v, 259; vi, 139.
SHENKMAYER, iv, 267, 273.
SHENKMEYER, iv, 277, 281.
SHEPLE, v, 227.
SHEPPERD, v, 243.
SHERER, vi, 192.
SHERIDAN, iii, 177; v, 94.
SHERK, ii, 132.
SHERTZ, v, 236, 243, 245, 249, 253, 259, 265.
SHERZER, iii, 285.
SHIFFENDECKER, iv, 268, 272, 276.
SHIMER, vi, 139, 152, 153.
SHINDEL, vi, 139.
SHIPPEN, vi, 57, 59.
SHLAMILK, v, 242.

SHLAUCH, v, 259.
SHLICHTER, v, 237, 244.
SHLICK, v, 204.
SHMICK, v, 245.
SHOBER, vi, 43, 74.
SHOPLE, v, 212.
SHOPP, v, 211.
SHORFLEE, v, 216.
SHUNK, i, 68, 74, 81; iii, 44, 46, 93; iv, 147; v, 9.
SHINDEL, i, 31; iii, 181, 182; iv, 182, 212; v, 192, 194.
SHINDLE, iii, 182.
SHIRK, iii, 158.
SHLICK, iv, 290.
SHOB, iv, 291; v, 228, 236.
SHOCK, i, 31.
SHOEBEL, v, 205.
SHOEMAKER, iv, 169.
SHOEPPEL, v, 210.
SHOFFER, iv, 268.
SHOOK, v, 224.
SHOOP, iii, 167. [247, 249.
SHREIBER, iv, 278; v, 230, 237,
SHREINER, iii, 218, 219; iv, 287, 290; v, 229.
SHRIBER, iv, 266; v, 241, 252.
SHRODER, iv, 267; v, 224.
SHUBERT, v, 219.
SHUCKER, v, 225, 248.
SHUEY, vi, 20.
SHUG, v, 236.
SHUKER, v, 253, 258, 263.
SHULER, v, 253, 263.
SHULTZ, i, 67; ii, 103, 176; iv, 147; v, 258; vi, 86, 139.

Index to Proper Names. 77

SHULZE, iii, 44.
SHUMANN, iii, 223; iv, 214; v, 215, 219, 231.
SHUNK, v, 130, 208.
SHUP, iv, 290; v, 230.
SHUSTER, iv, 267.
SHUTER, vi, 276.
SHUTZ, iv, 286; v, 225.
SHWEITZER, iv, 276.
SIECHRIST, iv, 283; v, 249.
SIEGEL, v, 215.
SIEGFRIED, iv, 79.
SIELER, vi, 229.
SIGELE, iii, 221.
SILAS, vi, 72.
SILBER, vi, 214.
SILLER, vi, 234.
SILY, vi, 204.
SIMON, iii, 224; vi, 188, 208.
SIMS, vi, 50.
SIMSON, v, 252; vi, 264.
SINCLAIR, iv, 227; v, 194.
SING, iii, 206.
SINGER, iii, 247, 257, 260, 262; iv, 228, 261; vi, 258, 269.
SINGLOF, iv, 223.
SINN, iv, 234, 248; v, 186; vi, 257.
SINNER, vi, 236.
SITZLER, iii, 194.
SKILES, ii, 25; iii, 182; vi, 139.
SLAYMAKER, i, 31; ii, 25; iii, 182, 183; iv, 151, 152; v, 39; vi, 21, 130, 138.
SLEMTZ, v, 266.   [138.
SMALL, iv, 182; v, 254; vi,
SMELL, vi, 218.
SMELTZ, v, 244, 246, 250, 254, 258.
SMITH, iii, 15, 70; iv, 30, 226, 254, 264, 284, 287; v, 121, 122, 124, 194, 203, 205, 208, 209, 211, 212, 213, 214, 216, 218, 219, 220, 225, 226, 227, 229, 230, 233, 236, 238, 242, 246, 252, 254, 255, 258, 259, 260; vi, 43, 89, 90, 139, 154, 218, 227, 283.
SMULL, i, 30; iii, 183, 184; iv, 166; vi, 139.
SMYSER, iv, 183; vi, 139.
SNAVELY, iii, 158.
SNEIDER, iii, 80.
SNODGRASS, v, 145.
SNYDER, i, 67; ii, 18; iii, 44, 45, 93; iv, 147, 253, 262, 283, 288, 292; v, 9, 204, 208, 216, 218, 221, 225, 229, 233, 236, 238, 242, 253.
SOEHNER, iii, 282, 288.
SOFT, iv, 208.
SOHN, iii, 192, 198, 237, 254, 259; iv, 197, 207, 220, 232, 248, 272; v, 180, 189, 197, 245.
SÖHNER, iii, 181; iv, 181.
SOLLER, vi, 150.
SOLOMON, iv, 109; vi, 118.
SOMMER, vi, 219.
SON, iv, 267.
SORBER, vi, 200.
SOYNGE, iii, 214.

SPAETER, iv, 225.
SPANGENBERG, ii, 120; iv, 61, 64, 68, 71, 72; vi, 95.
SPANGLER, iv, 99, 183; vi, 138, 272.
SPANSELIER, iv, 258.
SPARKT, v, 178.
SPATH, iii, 239.
SPATZ, vi, 137.
SPEAR, vi, 268.
SPEARS, vi, 139.
SPECK, iii, 253, 288.
SPECKER, vi, 191, 195.
SPEICHER, i, 75.
SPENCE, iii, 201, 206.
SPENER, iii, 28, 42.
SPENGEL, iii, 245.
SPENGLER, iii, 274, 281; v, 230, 234, 238, 247.
SPERR, vi, 205, 217, 218, 220, 241.
SPERRY, v, 249.
SPICKLER, iii, 216, 226; iv, 228.
SPIECKER, iii, 204.
SPIEKER, vi, 95.
SPIER, v, 226, 255.
SPIES, iv, 282.
SPIKLER, iii, 222.
SPIRA, iv, 272.
SPITLER, iv, 280.
SPITZ, vi, 185.
SPITZER, v, 205, 209, 214, 220.
SPITZFADEN, iv, 269.
SPITZNAGEL, iv, 240; vi, 206, 209, 215, 216, 217, 219.

SPITZU, iii, 292.
SPÖEK, iii, 233.
SPOHN, iii, 221, 225; v, 183.
SPOHR, iv, 289, 292; v, 203, 209.
SPOOR, iv, 260; v, 214.
SPOTTLER, iv, 284.
SPRACKEL, iv, 219.
SPRACKET, iv, 234.
SPRECHER, iii, 227, 238, 250, 256, 272; v, 176; vi, 181, 263, 268.
SPRENG, iv, 210, 272.
SPRING, iv, 202, 223, 247, 292; v, 189; vi, 194, 201, 205, 207, 211, 212.
SPRINGER, iii, 283; iv, 216, 229, 246; v, 186, 244; vi, 261, 271.
SPRITZER, vi, 185.
SPROGEL, iv, 125; vi, 203.
SPRÖGEL, vi, 189, 199.
SPRUG, vi, 190.
SPUNSILER, iii, 192.
SPYKER, iii, 166; vi, 201.
STAHL, iii, 254, 263, 278; iv, 193, 211, 235, 246, 263; vi, 186, 191, 198, 206, 237, 260, 267, 269.
STAHLE, iv, 183; vi, 138.
STÄHLE, iii, 216.
STAHLEY, iv, 285.
STAHLY, iv, 261, 277, 279, 281.
STAHM, vi, 188.
STAHR, i, 6, 8, 11, 12, 25, 27, 29, 30, 33, 71, 82, 83, 94;

Index to Proper Names. 79

iii, 6, 82, 148, 184, 191; iv, 6, 155, 183, 184, 185; v, 27, 53; vi, 94, 138.
STALY, iv, 272.
STAMM, iv, 229; v, 239; vi, 233, 271.
STAMP, vi, 224.
STANDISH, i, 15; iii, 40.
STANLEY, iv, 39, 171.
STARK, iv, 216.
STARKEY, vi, 276.
STARR, iii, 141.
STAUB, iii, 289.
STAUD, vi, 215.
STAUDER, iii, 269.
STAUER, vi, 198.
STAUFER, iii, 259.
STAUFFER, ii, 25, 125; iii, 184, 275, 283; iv, 190, 199, 207, 252, 253; v, 185, 207, 211, 238, 240, 244; vi, 138.
STAUT, vi, 216.
STAUTER, iii, 240, 246, 257; v, 257.
STAUTZENBERGER, iii, 201, 217.
STECH, iii, 216, 222, 244, 246, 250, 254; iv, 215, 237, 247; v, 180, 182, 188, 189, 190, 195, 239, 247; vi, 254, 255, 258, 259, 265, 266, 271, 276, 277, 281.
STECHER, v, 170.
STECK, vi, 241.
STEEFE, v, 238.
STEEG, v, 237, 261.
STEFFE, iv, 223; v, 189, 246; vi, 261.
STEFFEN, v, 229.
STEFFY, iv, 240.
STEGER, v, 245.
STEHMAN, vi, 33.
STEHME, iv, 228, 234, 244; v, 176, 183; vi, 254, 264, 273.
STEIERWALD, vi, 268.
STEIGERWALD, iii, 292; vi, 278, 281.
STEIGERWALDT, iv, 194.
STEIL, vi, 223.
STEIN, i, 31; iii, 237, 247, 256, 263, 277; iv, 197; vi, 187, 192, 198, 202, 207, 209, 221, 229.
STEINBACH, vi, 181.
STEINBRECHER, iii, 204.
STEINER, iii, 244, 265, 267, 276; iv, 204, 212, 223, 280, 287; vi, 94, 267, 274.
STEINESEG, v, 194.
STEINHAEUSER, iii, 228, 243.
STEINHAUSER, iii, 288.
STEINHEISSER, iv, 189. [256.
STEINHEUSER, iii, 221, 234,
STEINKÖNIG, iii, 249.
STEINMAN, iii, 185; vi, 139.
STEINMEIER, iv, 221, 222.
STEINMETZ, i, 30; iii, 292; iv, 35; vi, 182.
STEINWECK, v, 213.
STEINWEEG, iii, 256.
STEINWEG, iv, 290; v, 195, 228, 233, 238, 249; vi, 253.

STEITLE. vi, 238.
STEITZ, vi, 253, 277.
STENGLER, iii, 209.
STENTON, vi, 51.
STEPHANMAN, iii, 194.
STEPHANS, iii, 204.
STEPHEMAN, iv, 267.
STEPHEN, iii, 263; iv, 285; v, 224.
STEPHENSON, iv, 209.
STEPP, iv, 200.
STERMER, v, 216.
STERN, iv, 260, 264.
STERNFELS, vi, 262.
STETTER, iv, 265.
STEUBEN, iv, 102, 117; vi, 61.
STEVENS, i, 68; iii, 172.
STEVENSON, iv, 219.
STEWARD, vi, 218, 267.
STEWART, iv, 213, 223; vi, 268, 272, 279.
STEYER, iii, 240.
STEYERWALD, vi, 270.
STEYLER, iii, 226.
STEYN, iii, 264.
STIBGEN, v, 236.
STICHTER, v, 113, 167, 168; vi, 139.
STIEBERLING, iv, 275.
STIEFFEL, iv, 65.
STIEGEL, vi, 9.
STIERLE, vi, 239.
STILLÉ, i, 23.
STILLWIL, iv, 218.
STINEFORD, v, 259.
STIRLING, iii, 74, 75, 76, 77.

STOCK, iv, 263; vi, 235, 239, 241.
STOCKBARGER, iii, 210.
STOEHR, vi, 72.
STOEMER, v, 213.
STOEVER, iii, 192; vi, 94, 112, 162, 165, 177.
STOFT, iv, 223, 247; v, 181, 189, 194.
STOHR, iii, 266.
STOLL, iv, 200, 204.
STOLSE, iii, 213.
STOLTZ, iv, 267, 278, 284.
STOLZ, iii, 242.
STONEBURNER, v, 127.
STONER, iv, 159, 168; v, 91.
STONEMAN, vi, 213.
STOONMAN, vi, 213.
STOOR, iii, 218, 226, 244, 255.
STORM, iv, 253, 255.
STORMER, v, 220.
STOUFFER, iii, 184.
STOVER, vi, 155.
STÖVER, vi, 178.
STOY, iv, 250, 278, 282.
STAER, iv, 276.
STRAUB, iii, 194, 260; v, 232.
STRAUBE, iii, 202.
STRAUCH, vi, 215, 221.
STRAUSS, iii, 212, 218; iv, 277; v, 215; vi, 214, 223, 236.
STREBER, iii, 277.
STREET, iii, 208; vi, 224.
STREHER, iii, 197, 265, 268; iv, 224.
STREKER, iii, 206.

Index to Proper Names. 81

STRENG, v, 254.
STRENGE, v, 180, 244, 248, 262.
STRICKER, iv, 274, 278.
STRICKLER, vi, 86.
STROBEL, vi, 263, 270, 276.
STROH, iii, 251, 257, 260, 269, 270, 281, 283, 292; iv, 193, 200, 216; v, 239.
STROHER, iv, 271.
STRÖHER, iii, 255, 262.
STROHMENGER, iii, 239, 248; iv, 284, 288.
STRONG, iv, 286, 292; v, 204.
STROUS, vi, 139.
STROUSE, iii, 185.
STRUBEL, iv, 286, 290.
STUBCHEN, v, 242.
STUBER, iv, 195, 199, 207, 217, 234; v, 177.
STUBERLIN, iv, 285, 287; v, 204.
STUERTZENAKER, iii, 197.
STUMPF, iii, 248; v, 229.
STUMPH, iii, 195.
STURM, vi, 145.
STURMFELS, v, 199; vi, 270, 281.
STURZ, iii, 268.
STUZ, iv, 190.
SUENZEL, v, 180.
SUESHOLTZ, v, 261.
SULLIVAN, iii, 73, 75; v, 220; vi, 57, 65.
SULLY, ii, 129.
SULZER, iii, 236, 247, 268, 281.
SUMBRAU, vi, 236.
SUMMERLIN, vi, 283.
SUMMY, i, 31.
SUMP, vi, 219.
SÜNSET, vi, 279.
SURERUS, v, 242.
SUSS, iv, 261.
SÜSS, iii, 214, 220, 258, 292.
SÜSSE, iii, 241, 249.
SÜSSMAN, iii, 195.
SWAAB, iii, 217.
SWAN, iv, 239.
SWARR, i, 31; iii, 185; vi, 138.
SWARTZ, vi, 86.
SWEINFORD, iv, 273.
SWINNEY, iv, 221.
SWITZER, vi, 156.
SYBACII, iii, 263.
SYLY, vi, 217.
TACITUS, i, 67; iii, 142; iv, 138.
TAILOR, iv, 195.
TALBERT, v, 199; vi, 271.
TALLMAN, v, 261, 264.
TANBACH, iii, 271.
TANCK, iv, 264.
TANENHAUER, iv, 204.
TANGER, iii, 278, 287; iv, 194, 202.
TANNBACH, iii, 205.
TANNER, iii, 210.
TAUBENHAUER, iii, 265.
TAXIS, iii, 242, 249.
TAYLOR, iii, 69, 70, 185; iv, 176; v, 122, 212; vi, 95, 277.

TECHMEYER, iv, 209.
TECHTMEYER, iv, 223, 240; v, 190; vi, 252, 265.
TEEDYUSCUNG, vi, 78.
TEGAN, v, 247, 250.
TEISS, vi, 278.
TENNYSON, iii, 30, 59.
TERRE, iv, 217.
THACKERAY, iv, 107.
THARP, vi, 219.
THEIRWÄCHTER, iii, 226, 228.
THEISS, v, 217.
THEMISTOCLES, iii, 108.
THEOBALD, iii, 194; iv, 266.
THEURER, iv, 233.
THIELER, iv, 218.
THIEM, vi, 231.
THIERWÄCHTER, iii, 239.
THIM, vi, 230.
THOM, iv, 269.
THOMAS, ii, 15; iii, 221; iv, 164, 255; v, 188, 196; vi, 252, 264.
THOMPSON, iii, 38.
THOMSON, iii, 281; iv, 216, 227; v, 192; vi, 59, 257, 280.
THONER, v, 228, 231, 233, 238.
THORBAHN, i, 31.
THÜRZBACH, iii, 205.
TIEBELY, iv, 262.
TIEFFENBACH, iii, 215, 284.
TIEPENBACHER, iii, 280.
TIETZ, iii, 210.
TILDEN, iii, 173.
TILLBARTH, iii, 202.
TILLER, iv, 205.

TIMANUS, vi, 237.
TIMMERMAN, v, 180, 193.
TINTEMANN, iv, 223.
TISE, v, 254.
TISSERAN, iii, 203.
TITLOW, vi, 156.
TITZEL, iv, 250.
TOBIAS, v, 256, 260; vi, 254.
TOCHTERMAN, iii, 195, 205, 211, 219, 226, 234, 245, 249; iv, 196, 197, 203, 207, 218, 239.
TOD, iv, 240; v, 180.
TODTER, vi, 278.
TOERSCH, iv, 209, 226, 237.
TORREY, iii, 171; vi, 31.
TORSCH, v, 179.
TOWARDTON, vi, 227.
TOWN, iv, 199.
TOY, iv, 236.
TRABER, iv, 272.
TRACHSEL, iii, 241.
TRAEBER, iv, 273.
TRAGER, iv, 235; v, 174, 184, 231; vi, 255, 262.
TRAJAN, iv, 150.
TRAUB, iv, 281.
TRAUCHSEL, v, 218.
TRAUT, iv, 209, 252.
TRAUTMANN, iii, 232.
TRAUTWINE, iv, 152.
TRAYER, iv, 243; v, 219.
TREBENSTADT, iii, 270, 279, 286; v, 185.
TREBER, iv, 280, 288; v, 206.
TREBERT, iv, 279; v, 226, 230.

Index to Proper Names. 83

TREBUT, iii, 251.
TRENKEL, iii, 196.
TRENNER, vi, 261.
TREPPERT, iv, 288; v, 222, 244.
TREUER, v, 234.
TREUPEL, iv, 163.
TREXLER, ii, 44; iv, 79; vi, 139.
TREYER, v, 232, 239, 247.
TRIEBNER, v, 180.
TRIESCH, iii, 207.
TRIESLER, iii, 195.
TRIFFENBACH, iv, 226, 228, 233; vi, 261.
TRIMMER, iv, 114, 116, 185; vi, 139.
TRIPEL, iv, 262.
TRISSLER, iv, 256.
TRODY, iv, 266.
TROEDER, iv, 276.
TROENER, iii, 285.
TRONE, iv, 185; vi, 139.
TRUCKMÜLLER, iii, 201.
TRUCKENMÜLLER, iii, 197.
TRUCKMILLER, iv, 211.
TRUM, iii, 209.
TRUMB, v, 211.
TRUMBULL, iv, 218, 228.
TRUMPELLER, iv, 237.
TRUMPETER, iv, 189.
TRUMPP, iii, 283.
TRYER, v, 247, 250.
TRYON, iv, 185.
TSCHANTZ, v, 127, 129.
TSCHOOP, iv, 64.
TSCHUDY, iii, 201.
TUCKOUSS, iv, 226.
TURN, vi, 277.
TURNER, iv, 219; v, 180; vi, 255, 265, 268.
TYNDALL, iv, 15, 16.
TYSON, iv, 176.
URDREE, iv, 87.
UHL, v, 180.
UHLEMANN, iii, 194, 205.
ULHMANN, iii, 212, 220.
UHLER, iii, 160; v, 167.
UHRIG, iii, 242.
UHRNIN, iii, 274.
ULL, iv, 257.
ULMER, iv, 244; v, 174, 180, 184, 189.
ULRICH, iii, 159; iv, 275.
UMBORN, iii, 229, 234, 238, 246, 254.
UMMER, v, 264.
UMSTADT, vi, 224, 234.
UMSTAT, iv, 176; vi, 241.
UNGEFEHR, vi, 180.
UNGER, vi, 139, 154.
UNRUH, iv, 281, 287, 291.
UNSTATT, vi, 236.
UOLRICH, v, 124.
UPP, ii, 44.
URBAN, iii, 261, 279, 290; iv, 199, 236; vi, 255, 266, 273, 278.
URICH, iii, 264; vi, 259.
URNER, i, 30; iii, 152, 185; vi, 139, 155, 156, 157.
UTZMANN, iii, 199, 204.

Uz, iv, 194, 199.
VALENTINE, iv, 212.
VALLES, vi, 182.
VAN BRAGHT, ii, 37.
VAN BUSCHKERK, vi, 217.
VAN BUSKIRK, vi, 153, 237.
VANDERBILT, v, 121.
VAN DER LINDE, vi, 153.
VANDERSCHMIDT, iv, 209, 216, 223, 229.
VANDERSLICE, ii, 34.
VAN DER SLUIS, vi, 209, 224.
VAN DER SLUISEN, vi, 210.
VANDEVEER, v, 146.
VAN DOERN, vi, 226.
VANE, iii, 40.
VAN HORN, vi, 213, 219, 226.
VARUS, vi, 80.
VEHK, iii, 285.
VEICHARD, vi, 241.
VEIT, iii, 202, 231, 254, 263, 280; iv, 229, 241; v, 182, 193.
VELTENBERGER, iii, 218.
VERNON, iii, 196.
VERRY, iv, 258.
VESPUCIUS, ii, 126.
VETTENBERGER, iii, 222.
VETTERROLF, vi, 245.
VICTORIA, vi, 27.
VIEPL, vi, 180.
VIGERA, v, 193.
VINEY, vi, 50.
VISARD, iv, 287, 292.
VISTER, v, 194; vi, 252, 262.
VOCK, iv, 260.
VOGEL, iii, 247; vi, 189, 201.
VOGELE, iv, 263.
VÖGELER, vi, 212.
VOGLER, iii, 253.
VOGT, iii, 207; iv, 193, 201; vi, 264.
VÖHL, iii, 244, 253.
VOIGT, vi, 244, 253.
VOISIN, iv, 290.
VOLCK, iii, 215, 222; iv, 194.
VOLK, iii, 209, 251, 259; iv, 201, 231, 242; v, 178, 187, 242; vi, 254, 255, 267, 270, 281.
VOLTZ, iii, 216, 220, 225, 232, 235, 239, 244, 251, 257, 265.
VOLZ, iii, 261; iv, 232, 244; v, 177, 185, 187.
VON DER AU, v, 241, 247, 252, 261, 264.
VONDERSCHMIDT, iv, 236.
VON KENNER, v, 210, 246.
VON LINNE, vi, 22.
VON SCHWEINITZ, vi, 30.
VON STEUBEN, i, 44.
VORENWALD, iii, 267.
VORNBOLDT, iii, 290.
VOSS, v, 181; vi, 214, 231.
WACHARDT, vi, 206.
WACHTER, vi, 205.
WACKE, iv, 284.
WACKER, iv, 287; vi, 202, 217.
WACKY, iii, 273.
WADE, iv, 164, 228; v, 174; vi, 261, 271.
WADLINGER, ii, 129.

Index to Proper Names. 85

WAGELS, vi, 234.
WAGENER, iii, 207.
WAGENSEIL, vi, 244.
WAGINER, iii, 194.
WAGNER, i, 28, 32, 70, 71; iii, 185, 219, 223, 224, 230, 236, 244, 253, 260, 265, 277, 278; iv, 185, 196, 201, 208, 222, 239, 254; v, 176, 207, 214, 215, 227; vi, 68, 72, 139, 187, 190, 194, 196, 205, 226, 246, 258, 269, 273, 278.
WAITZ, v, 245.
WALCH, iv, 243.
WALDENBERGER, v, 175.
WALDENMAYER, iii, 215.
WALKING, vi, 275.
WALL, iii, 225, 236, 243.
WALLER, iv, 192, 253; v, 206, 208, 216, 218, 224.
WALLING, iii, 170.
WALLS, v, 264.
WALSH, iv, 235.
WALTER, iii, 196, 210; iv, 210, 245, 252, 258, 260, 271, 292; v, 213, 215, 226, 228; vi, 221.
WALTHER, iii, 208, 221; vi, 215.
WALTZ, iii, 212, 216, 246.
WALZ, iii, 260, 263, 267.
WAMBOLD, vi, 200.
WANGERT, vi, 236.
WANNER, iv, 185.
WARD, iv, 213, 226; v, 192.
WARFEL, i, 27, 31; iii, 185; iv, 52. 154; vi, 139.

WARFFEL, iv, 260.
WARING, vi, 208.
WARLICH, vi, 177, 181.
WARREN, vi, 57.
WASHINGTON, i, 23, 74, 80; ii. 40, 45; iii, 72, 74; iv, 43, 102, 138; v, 19, 86, 87, 89, 109; vi, 13, 56, 57, 58, 63, 65, 66. 68, 87.
WATERS, iii, 198.
WATES, v, 181.
WATKINS, v, 124.
WATSON, iii, 215; vi, 53.
WATT, v, 183; vi, 276.
WATTEVILLE, iv, 64.
WATTS, iii, 38; vi, 268.
WAUGH, iv, 166, 167; vi, 268.
WAY, vi, 49.
WAYAN, iv, 262.
WAYDELE, iv, 195.
WAYNE, iii, 114, 115; v, 159.
WEAVER, i, 31; iv, 262, 264, 269, 270, 274, 275, 276, 277, 280, 282, 285, 288, 289, 290; v, 27, 168, 169, 170, 204, 205, 209, 210, 218, 219, 221, 223, 226, 240; vi, 140.
WEBER, i, 30; iii, 207, 218, 262, 269; iv, 192, 195, 198, 202, 211, 212, 221, 224, 225, 233, 234, 241, 242, 248, 268; v, 175, 176, 179, 181, 184, 187, 189, 197, 199, 212, 213; vi, 177, 178, 181, 253, 254, 255, 258, 260, 262, 264, 266, 278.
WEBSTER, iv, 183, 220.

WECKER, iii, 210.
WECKMAN, iv, 266.
WEEBER, iii, 255.
WEED, v, 257.
WEGELIN, v, 134.
WEGMAN, iv, 277, 280.
WEH, vi, 95.
WEHN, iii, 285, 291; iv, 193, 225.
WEHNAU, iii, 257, 267, 279.
WEHNER, iii, 223, 262, 291; vi, 226.
WEHR, vi, 195.
WEHRER, iii, 281.
WEHRLE, iii, 219, 234.
WEHRLEIN, iii, 218.
WEI, vi, 279.
WEIBEL, iv, 282, 285; v, 204, 208, 213.
WEIBRECHT, iii, 217.
WEICHARD, vi, 201, 229.
WEICHEL, v, 207, 211, 219; vi, 211, 228, 230.
WEICKART, iii, 289.
WEICKER, iii, 217.
WEICKERT, iv, 195; v, 185; vi, 180.
WEIDEBRECHT, iii, 202.
WEIDEL, iii, 270; iv, 210, 217, 219, 232.
WEIDELE, iv, 238, 242, 248; v, 177, 178, 183, 187, 188; vi, 252, 261, 264, 270, 278.
WEIDENER, vi, 95.
WEIDLE, iii, 268; iv, 231, 244.
WEIDERT, vi, 178.
WEIDLER, iv, 253, 291; v, 207, 210, 214, 263.
WEIDMAN, i, 12, 31, 32; ii, 102, 103, 122; iii, 27, 33, 90, 186, 274, 276; v, 50; vi, 126, 127.
WEIDTMAN, iv, 252.
WEIEL, iv, 269.
WEIGEL, iii, 272; iv, 292; v, 223, 227, 247, 250, 252.
WEIGERT, vi, 239.
WEIHBRECHT, iii, 208.
WEIK, vi, 277.
WEIKERT, iv, 201.
WEIL, iii, 275, 279, 281; iv, 196; v, 224.
WEILAND, v, 262, 263.
WEILER, iv, 197; v, 76, 228.
WEIMAR, iii, 213.
WEIMER, vi, 140.
WEIN, iv, 280, 285; v, 204, 207; vi, 237, 281.
WEINAND, iv, 253.
WEINAU, iv, 211, 226.
WEINBERG, iii, 275.
WEINBERGER, vi, 181.
WEINGÄRTNER, iii, 225, 232, 239, 245, 254, 271.
WEINKANN, iii, 247.
WEINMAN, iii, 179.
WEIS, iv, 255, 292; v, 245, 255.
WEISEL, vi, 208.
WEISENBACH, iv, 212.
WEISER, i, 32, 44, 62, 69, 75, 80, 82, 93, 94; ii, 121; iii,

Index to Proper Names. 87

16, 147, 148, 177, 178, 186, 187; iv, 65, 150, 154, 155, 186; v, 12, 47, 95, 107, 108, 109, 113, 152; vi, 112, 140, 197, 203, 209, 214, 228.
WEISIGER, vi, 166, 167, 172.
WEISINGER, vi, 170, 172, 173, 174.
WEISMAN, iv, 265, 267.
WEISS, iii, 226, 233, 237, 244, 250, 258, 273; iv, 190, 197, 205, 217, 237; v, 59, 122, 174, 186, 194, 197; vi, 200, 253, 264, 279, 280.
WEISSER, vi, 140.
WEITZEL, ii, 9, 122; iv, 259, 262, 263, 266, 270, 280, 283, 285, 291; v, 189, 229, 256, 261; vi, 148, 258.
WEIZ, iv, 192.
WELKER, iv, 261.
WELLER, iii, 206; iv, 235, 259, 264, 268; v, 185, 225, 234, 244, 261; vi, 259, 271.
WELLINGTON, iv, 16.
WELSH, iv, 257.
WELSHANS, iv, 256.
WELSHIIANS, iv, 256.
WENAU, iv, 193.
WENDEL, iv, 255, 264.
WENDER, iii, 210.
WENDITZ, vi, 266.
WENGER, v, 222.
WENTEL, v, 240.
WENTZ, iii, 241, 246; vi, 204, 216, 222.

WENTZEL, iii, 197; iv, 258, 271.
WENTZLER, v, 219.
WENZ, vi, 281.
WENZEL, vi, 283.
WERFEL, v, 217.
WERKEL, v, 224.
WERKHEISER, vi, 76.
WERNER, iii, 195, 216, 218, 223, 227, 239, 262.
WERNSEL, iv, 212.
WERTZ, iv, 181.
WERZELER, vi, 243.
WESCHENBACH, iv, 254.
WESLEY, iii, 42.
WEST, iii, 70; v, 193.
WESTER, v, 182.
WESTLE, vi, 228.
WETHERHOLD, vi, 51.
WETRICH, vi, 203.
WETTERICH, vi, 201.
WETTRICH, vi, 190.
WETZ, iv, 271.
WETZEL, iii, 69.
WEYANT, vi, 185.
WEYBRECHT, iv, 229.
WEYDELE, iii, 222; iv, 189.
WEYDTELE, iii, 213, 230.
WEYDTLE, iii, 256.
WEYEL, iv, 275.
WEYGAND, iv, 279.
WEYGANDT, iii, 279; v, 169.
WEYGEL, v, 204.
WEYL, iii, 245, 252, 255, 263.
WEYNAUD, iv, 252.
WHEELER, iv, 171.

WHIPPLE, vi, 58.
WHITE, i, 42; iv, 167.
WHITEFIELD, iv, 62.
WHITMAN, i, 11; v, 166; vi, 191.
WHITTIER, i, 41; ii, 71, 72; iii, 22, 27, 28, 30; iv, 123; v, 114; vi, 12, 86, 87.
WHITTLE, vi, 147.
WICHT, v, 232, 238.
WICKARD, vi, 229.
WICKHARD, vi, 229.
WICKERSHAM, i, 68; iii, 47, 48; iv, 123, 125, 129, 130.
WIDDER, iii, 290; iv, 198, 216, 230, 238.
WIDELER, iii, 202.
WIDRIG, vi, 182.
WIEGAND, vi, 140.
WIEGNER, iv, 65.
WIEN, iv, 288; v, 210, 215, 224, 227, 229, 232, 236, 241, 245, 246, 251.
WIENAN, vi, 254.
WIENAU, vi, 268.
WIERMAN, iv, 158.
WILBERHAM, vi, 230.
WILD, iii, 238, 256, 269, 282, 290; iv, 257, 269, 276, 283.
WILDBAHN, v, 162, 163, 164.
WILHELM, iii, 187; v, 207, 213, 214, 226, 233, 234, 239, 244, 248, 251, 255, 260; vi. 128, 256.
WILL, iii, 221, 228, 245, 247, 263.
WILLDENOW, vi, 26.
WILLENER, v, 216.
WILLIAM I., iv, 171, 172.
WILLIAMS, iii, 43, 292; iv, 223; v, 181, 199, 209; vi, 60, 280.
WILLIAMSON, v, 97.
WILLIAR, iv, 252.
WILLING, i, 23.
WILLIS, iv, 243.
WILLS, vi, 200.
WILLSON, iii, 203.
WILSON, i, 23; iii, 3; iv, 162, 199, 216, 227, 245; v, 168, 177, 183, 192, 221; vi, 140, 253, 279.
WILY, iv, 216, 225, 232, 247; v, 183.
WINAN, vi, 260.
WINAU, vi, 280.
WINDEBAUER, iv, 192.
WINDNAGEL, iii, 193, 205, 210, 213, 232.
WINEBRENNER, ii, 129; vi, 95.
WINGERT, v, 206, 210, 214, 216, 224, 231, 241.
WINK, iv, 79, 82.
WINTER, iii, 227; v, 211, 248, 265.
WINTERHEIM, v, 223.
WINTERHEIMER, iv, 261.
WINZENHELLER, vi, 235.
WIRT, iv, 241.
WIRTH, iii, 210; vi, 206, 207, 217.
WIRZ, iii, 271; iv, 212, 224, 267.

Index to Proper Names. 89

WISCHER, v, 134.
WISLER, vi, 281.
WISTAR, iv, 147.
WISTER, iii, 273.
WIT, vi, 277.
WITHMAN, vi, 186.
WITMAN, vi, 188, 238.
WITMEIER, vi, 239.
WITMER, iv, 186, 289; v, 192, 260; vi, 86, 140.
WITMEYER, vi, 233, 236.
WITMYER, iv, 205.
WITT, vi, 268.
WITTICH, v, 85.
WITTMANN, vi, 197.
WOELCKER, iii, 282, 288.
WOHLFAHRT, vi, 206.
WOHLFARTH, ii, 112.
WÖLCKER, vi, 203.
WOLD, iv, 268, 269.
WOLF, i, 67; ii, 17, 127; iii, 93; iv, 35, 147, 222, 252, 256, 262, 265, 272, 273, 277, 278, 281, 282, 284, 285, 288, 289; v, 9, 127, 175, 203, 204, 205, 210, 217, 220, 225, 227, 228, 231, 232, 234, 235, 239, 240, 243, 244, 245, 247, 249, 250, 252, 253, 255, 258, 261, 262, 263, 264; vi, 101, 157.
WOLFE, ii, 40, 86; iii, 44, 46; v, 24.
WOLFSKEHL, vi, 186, 188, 193, 194, 200.
WOLLE, vi, 33, 37, 43, 46, 73, 94, 105.
WOLLENWEBER, vi, 95.
WOLLMAN, iv, 186; vi, 140.
WOLLMAR, iii, 203.
WOMBOLD, vi, 198.
WOOD, iv, 240, 243; v, 176, 188, 195; vi, 261, 268, 276.
WOODFORD, vi, 59.
WORBAS, vi, 43, 47, 48, 49.
WORFEL, v, 216.
WORK, iv, 224, 248.
WORNER, iii, 210.
WOST, vi, 177.
WRIGHT, iii, 252; iv, 203; v, 157; vi, 273, 274.
WRIGHTS, iv, 246.
WUNDERLICH, iii, 166.
WUNGÄRTNER, iii, 218.
WUNSLEY, vi, 278.
WUNTSCH, iv, 290.
WÜRFEL, iv, 253.
WÜRFUL, iv, 254.
WURM, iii, 214.
WURMLE, iv, 292.
WÜRMLE, iii, 213, 217, 225, 231, 242.
WURTZ, iii, 216, 228, 234; iv, 270, 287, 291; v, 208.
WÜRTZ, iii, 235, 250.
WURZ, iii, 281, 288.
WÜRZ, iii, 241.
WUST, iii, 237, 238.
WYNKOOP, ii, 44.
YALBETS, iv, 189.
YADER, iv, 196.
YAYSER, iv, 200.
YEATES, iv, 224.

YENZ, iv, 201.
YENZEL, iii, 283.
YOCUM, vi, 86.
YODER, v, 91.
YOST, iv, 213; v, 174.
YOUNDT, iv, 178.
YOUNG, i, 7, 8, 11, 32, 33, 83, 94; ii, 87, 130; iii, 6, 82, 148, 187, 279; iv, 6, 155, 186, 252, 262; v, 150; vi, 93, 140.
YSSELSTEIN, vi, 47.
YUNDT, vi, 140.
ZAHM, ii, 66; iii, 143, 187; iv, 45.
ZAHNEISEN, v, 214, 217, 221, 226, 230, 235, 239.
ZAMISCHER, iv, 266.
ZANCK, iv, 283, 291; v, 207.
ZANDER, iv, 209.
ZANK, iv, 277.
ZANSINGER, iii, 282; iv, 190, 227.
ZANZINGER, iii, 275; iv, 193, 197, 200, 219; v, 185, 192; vi, 254, 258, 263.
ZECHMAN, v, 83, 102, 108; vi, 140.
ZEHMAR, iii, 232, 238, 245, 251, 268, 282.
ZEHMER, iv, 213, 230; v, 173.
ZEHNAR, iii, 220.
ZEHRFASS, iii, 286; vi, 216, 221, 222.
ZEIGLER, iv, 252.
ZEISBERGER, ii, 121; iv, 62, 64.
ZELLER, vi, 93, 232.
ZENGER, i, 44.
ZENTH, iii, 216, 224.
ZERN, iv, 187; vi, 140.
ZICHER, iv, 273.
ZIEGEL, iii, 252, 279.
ZIEGENHAGEN, iv, 61; vi, 203.
ZIEGLE, v, 144.
ZIEGLER, ii, 122; iii, 136, 187, 188, 197, 202, 207, 211, 268, 273, 280, 287; iv, 246, 256, 266; v, 146, 193; vi, 43, 74, 86, 95, 140, 257, 258, 269, 273, 279, 282.
ZILLINGEN, vi, 230.
ZIMER, v, 216.
ZIMMER, iii, 227, 283, 291; iv, 214; v, 217; vi, 220.
ZIMMERMAN, i, 11, 30, 36; ii, 91, 93; iii, 33, 130, 142, 148, 188, 228, 240, 246, 253, 276, 283, 292; iv, 11, 51, 79, 86, 87, 106, 107, 133, 154, 210, 227, 232, 241, 243, 246, 253, 274, 278, 280; v, 9, 60, 116, 152, 176; vi, 86, 93, 130, 140, 203, 230, 232, 241, 245.
ZINCK, iii, 206.
ZINGLER, vi, 228.
ZINK, iii, 196.
ZINN, iv, 252, 253; v, 255.
ZINZENDORF, iv, 59, 61, 62, 64, 65, 71, 72, 81, 128; v, 21; vi, 9, 30, 46, 103, 106.
ZIPPERLE, vi, 206.
ZIRHAN, iv, 280.

Index to Proper Names.

ZIRNAN, iv, 277.
ZOLL, vi, 222, 223, 224, 236.
ZOLLINGER, iv, 231, 237; v, 177.
ZÖLNER, vi, 229.
ZOOK, i, 31; v, 130.
ZORN, iii, 289; iv, 212, 226, 241; v, 190, 207.
ZUG, v, 130.
ZUGEL, iii, 260.
ZUMBRODT, vi, 223.
ZUNDMACHER, iv, 286.
ZUNNEL, iii, 247.
ZWEISPRINGER, vi, 90.
ZWICK, iii, 277, 287; iv, 192.
ZWINGLI, i, 14; iii, 42, 169; iv, 124.

INDEX TO SUBJECTS.

ALLBRIGHT, Edwin,
   Address by, ii, 80.
Ancestral virtues of the Pennsylvania-Germans, iv, 133.
Auswahlen der Alte Zeite, i, 48.
BAER, George F.,
   Address by, i, 18.
BAER, Samuel Adam,
   Biographical sketch of, v, 153.
Baptismal Record,
   Augustus Church, Trappe, vi, 165.
   First Reformed Church, Lancaster, iv, 249; v, 203.
   Trinity Lutheran Church, Lancaster, iii, 191; iv, 189; v, 173; vi, 251.
Battle of Long Island, The, iii, 61.
BAUSMAN, Benjamin,
   Biographical sketch of, v, 154.
BEAVER, James Addams,
   Biographical sketch of, iii, 150.
BEIDELMAN, William,
   Biographical sketch of, iv, 157.

BIERMAN, E. Benjamin,
   Biographical sketch of, iii, 151.
BIERLY, Harry Elmer,
   Biographical sketch of, iii, 151.
Births and baptisms,
   Augustus Church, Trappe, vi, 165.
   First Reformed Church, Lancaster, iv, 249; v, 203.
   Trinity Lutheran Church, Lancaster, iii, 191; iv, 189; v, 173; vi, 251.
BITTENGER, John Wierman,
   Address of welcome by, iv, 4. [158.
   Biographical sketch of, iv,
BOWMAN, Simon Peter,
   Biographical sketch of, iii, 152.
BOYER, Charles Clinton,
   Biographical sketch of, v, 156.
BRANDT, Joseph Long, [152.
   Biographical sketch of, iii,
BRICKER, John Randolph,
   Biographical sketch of, iv, 158.

(92)

Index to Subjects. 93

BROWER, William,
Biographical sketch of, iii, 152.
BRUNNER, David Bachman,
Biographical sketch of, iv, 159.
BUEHRLE, Robert K.,
Address by, ii, 84; iv, 121; v, 114.   [160.
Biographical sketch of, iv,
By-laws of the Society, i, 90.
Call for meeting to organize, i, 10.
CAPP, Thomas Henry,
Biographical sketch of, iv, 162.
Civil liberty and self government, v, 92.
Constitution of the Society, i, 84.
COXE, Eckley B.,
Obituary of, v, 142.
CRATER, Lewis,
Biographical sketch of, iii, 153.
CROLL, Philip C.,
Biographical sketch of, v, 157.
DERR, Andrew Fine,
Biographical sketch of, v, 159.
DE SCHWEINITZ, Paul,
Address by, ii, 100; iv, 54; vi, 103.
Biographical sketch of, iii, 180.
Prayer by, iii, 139.

DIFFENDERFFER, Frank Ried,
Biographical sketch of, iii, 153.
DILLINGER, Jacob S.,
Biographical sketch of, iii, 154.
DREHER, Samuel Schreiver,
Obituary of, iii, 146.
DUNBAR, William Henry,
Biographical sketch of, iii, 155.
Early Immigrants of Eastern Pennsylvania, iii, 130.
EBY, Maurice C.,
Biographical sketch of, iii, 155.   [101.
Education, The progress of, v,
Educational position of the Pennsylvania-Germans, iv, 121.
EGLE, William Henry,
Address by, ii, 118; iii, 91.
Biographical sketch of, iv, 163.
President's address by, ii, 11; iii, 14.
ENDLICH, Gustave Adolph,
Address by, iii, 101.
ERMENTROUT, James Nevin,
Address of welcome by, v, 6.
FAUST, Jonathan,   [156.
Biographical sketch of, iii,
FISHER, Charles Gutzlaff,
Biographical sketch of, iii, 156.

Obituary of, vi, 124.
FISHER, Henry L.,
    Address by, iv, 105.
    Biographical sketch of, iii, 156.
    Poem by, i, 48; ii, 93.
    President's address by, iv, 105.
FUNCK, Josiah, [157.
    Biographical sketch of, iii,
    Obituary of, vi, 122.
German colonization in America, v, 13.
German Moravian settlements in Pennsylvania, iv, 53.
GLATZ, A. Heistand,
    Obituary of, v, 144.
GOBIN, John Peter Shindel,
    Address by, iii, 112.
GORGAS, George Albert,
    Biographical sketch of, iii, 157.
GORGAS, William Luther,
    Biographical sketch of, iii, 157.
GRUMBINE, Ezra,
    Biographical sketch of, iii, 158.
    Poem by, v, 34.
GRUMBINE, Lee Light,
    Address by, vi, 82.
    Biographical sketch of, iv, 169.
    Poem by, ii, 55.
HAKE, Edward G., [159.
    Biographical sketch of, iii,

HALDEMAN, Horace L.,
    Biographical sketch of, v, 160.
HANOLD, Frank Wildbahn,
    Biographical sketch of, v, 164.
HANOLD, Hiester Muhlenberg,
    Biographical sketch of, v, 162.
Hardies, Remembrancer, Facsimile title page of, ii, 40.
HARK, J. Max,
    Address by, ii, 89; iv, 101.
    Biographical sketch of, iii, 159.
HAYDEN, Horace Edwin,
    Biographical sketch of, iii, 158; vi, 144.
Headquarters of the Society, ii, 63; iii, 34.
HECHT, Charles Edward Zeigler,
    Obituary of, v, 146.
HECKMAN, George Creider,
    Address by, iii, 61; iv, 97.
    Prayer by, ii, 5. [13.
    President's address by, v,
HEILMAN, Henry Snavely,
    Biographical sketch by, iii, 159.
HEILMAN, Samuel P.,
    Biographical sketch by, iii, 159; v, 141.
HENNINGHAUSEN, Lewis Phillips,
    Address by, iv, 91.

Index to Subjects. 95

HERTZ, John Lincoln,
   Biographical sketch of, iv, 170.
Heroes of Provincial Pennsylvania, ii, 106.
HERSHEY, Andrew Hiestand,
   Biographical sketch of, iii, 160.
HEYDRICH, Christopher,
   Biographical sketch of, iii, 160.
HOFFMAN, Walter James,
   Address by, v, 70.
   Biographical sketch of, iv, 172.
HORNE, A. R.,
   Address by, ii, 47. [161.
   Biographical sketch of, iii,
HOUCK, Henry,
   Address by, v, 117.
Judiciary of Pennsylvania, ii, 80.
KEIM, Beverly Randolph,
   Biographical sketch of, iii, 161.
KELLER, John Peter,
   Biographical sketch of, iii, 162.
KERSHNER, Jefferson E.,
   Biographical sketch of, iv, 173.
KRABB, Der, ii, 93.
KUHNS, Levi Oscar,
   Address by, v, 121; vi, 98.
   Biographical sketch of, iii, 162.

KULP, George Brubaker,
   Biographical sketch of, iii, 163; vi, 149.
LANCASTER,
   Trinity Lutheran Church records, iii, 191; iv, 189; v, 173; vi, 251.
   First Reformed Church records, iv, 249; v, 203.
LANTZ, Cyrus Ressley,
   Biographical sketch of, iii, 163.
LEHMAN, Samuel Kaufman,
   Obituary of, iii, 144.
LEMBERGER, Joseph Lyon,
   Biographical sketch of, iv, 173.
LEVAN, Franklin Klein,
   Address by, iv, 73.
   Biographical sketch of, iii, 163.
   Obituary of, v, 148.
LEVERING, Joseph Mortimer,
   Address of welcome, vi, 6.
Literature, The Influence of Our Race In, v, 114.
Long Island, The Battle of, iii, 61.
LOUCKS, Augustus,
   Biographical sketch of, iv. 173.
McPHERSON, John B.,
   Address of welcome by, iii, 9.
   Biographical sketch of, iii, 164.

Marriage of the Muse, ii, 55.
MARTIN, Edwin Konig-
  macher,
  Address of welcome, i, 14.
  Biographical sketch of, iv,
  174.
MAURER, Daniel C.,
  Biographical sketch of, iv,
  174.
MAXATAWNY prior to 1800, iv,
  73.
MENTZER, John Franklin,
  Biographical sketch of, iv,
  174.
MEYERS, Benjamin Franklin,
  Address of welcome by, ii,
  6.
  Biographical sketch of, iii,
  165.
MINNICH, Michael Reed,
  Biographical sketch of, v,
  164.
MONTGOMERY, Morton L.,
  Address by, v, 108.
  Biographical sketch of, iii,
  165.
Moravian Church, Origin of,
  iv, 58.
Moravian settlements in Penn-
  sylvania, iv, 54.
MORRIS, John G.,
  Address by, iv, 94.
MOSSER, Henry,
  Address by, v, 86.
  Biographical sketch of, iv,
  174.

Mothers and Housewives, On,
  v, 117.
MUHLENBERG, Francis,
  Obituary of, v, 145.
MUHLENBERG, Henry Augus-
  tus,
  Address by, iii, 96.
MULI, George Fulmer,
  Biographical sketch of, iii,
  165.
MUMMA, David,
  Obituary of, iii, 145.
Nach for die Chrischdag, Die,
  ii, 91.
Name of the Society, Adoption
  of, i, 7, 29.
NEAD, Benjamin Matthias,
  Address by, iii, 34.
NEAD, Daniel Wunderlich,
  Biographical sketch of, iii,
  166.
Neglect of Pennsylvania heroes,
  iii, 38, 116.
Officers of the Society, i, 82, 92;
  ii, 27; iii, 31, 147; iv, 51,
  154; v, 49, 152; vi, 21, 130.
Olta un Neia Tzeita, De, i, 33.
Origin of the Society, i, 6.
Original members, i, 30.
PARTHEMORE, E. Winfield
  Scott,
  Biographical sketch of, iii,
  167.
PASTORIUS, Francis Daniel,
  Biographical sketch of, iii,
  168.

Index to Subjects.

PATTISON, Robert Emory,
Address by, ii, 75.
Pennsylvania-German Lexicon,
ii, 28. [v, 121.
Pennsylvania-German surnames,
Pennsylvania-German, The, in
Agriculture, ii, 87.
Pennsylvania-German, The Antiquarian, v, 94.
Pennsylvania-German, The, at the Bar, iii, 101.
Pennsylvania-German, The, in the Church, vi, 103.
Pennsylvania-German, The, in Education, ii, 84; vi, 98.
Pennsylvania-German, The, in History, iii, 34.
Pennsylvania-German, The, in the Home, vi, 111.
Pennsylvania-German, The, in Journalism and Literature, vi, 82.
Pennsylvania-German, The, in the Lehigh Valley, vi, 76.
Pennsylvania-German, The, in the Pulpit, iii, 119.
Pennsylvania-German, The, as a Statesman, iii, 96.
Pennsylvania-German, The, in War, iii, 112.
Pennsylvania-German, The, in the Field of the Natural Sciences, vi, 22.
Pennsylvania-German, The, His Place in the History of the Commonwealth, ii, 118.
Pennsylvania-Germans, The, iii, 51.
Pennsylvania-Germans, The, in Church and State, i, 62.
Pennsylvania-Germans, The, What I Know of, i, 71.
Pennsylvania-Germans, The, Early Literature of, ii, 33.
Pennsylvania-Germans, The, Proverbs and sayings of, ii, 47.
Pennsylvania-Germans, The, at the Battle of Long Island, iii, 61.
Pennsylvania-Germans, The, The Educational Position of, iv, 121.
Pennsylvania-Germans, The, Ancestral Virtues of, iv, 133.
Pennsylvania-Germans, The, At Home, v, 53.
PENNYPACKER, Samuel W.,
Address, by, ii, 33; v, 94; vi, 8.
Biographical Sketch of, iv, 175. [iii, 34.
Permanent Headquarters, ii, 63;
Popular Superstitions, v, 70.
PORTER, Thomas Conrad,
Address by, vi, 22.
Biographical Sketch of, iii, 168.
Prahl-haus, Der, v, 34.
Preliminary Meeting for Organization, i, 9.

Public Schools, Opposition of
   the Germans to, ii, 17, 127;
   iii, 47; vi, 100.
Puritan and Cavalier? Why
   not the Pennsylvania-German? i, 36.
RANCK, George Hildebrand,
   Biographical sketch of, iv,
   175.
RAU, Robert,
   Biographical sketch of, iv,
   177.
RAUCH, Edwin Henry,
   Address by, i, 33.
   Biographical sketch of, iii,
   171.
REDSECKER, Jacob H.,
   Address by, ii, 103.
   Biographical sketch of, iii,
   174.
REINHOLD, Henry Shirk,
   Obituary of, ii, 132.
REINOEHL, Adam Cyrus,
   Address by, v, 92.
REINOEHL, Adolphus,
   Biographical sketch of, iii,
   174.
REIST, Levi Sheaffer,
   Obituary of, ii, 131.
RHOADS, Michael Albert,
   Biographical sketch of, iv,
   178.
RHOADS, Thomas Jefferson
   Boyer,
   Biographical sketch of, v,
   165.
RICHARDS, George Henry,
   Biographical sketch of, iii,
   176.
RICHARDS, Henry Melchior
   Muhlenberg,
   Biographical sketch of, iii,
   176.
RICHARDS, Matthias Henry,
   Address by, vi, 76.
   Biographical sketch of, iii,
   177.
RISE, GEORGE D., [178.
   Biographical sketch of, iii,
ROHRER, George Frederick,
   Biographical sketch of, iii,
   179.
ROHRER, Jeremiah,
   Biographical sketch of, iii,
   178.
ROLLER, John Edwin,
   Biographical sketch of, vi,
   150.
Ross, George Redsecker,
   Biographical sketch of, iv,
   178.
SACHSE, Julius Friedrich,
   Address by, ii, 106.
   Records of the Augustus
   Church, vi, 159.
Sauerkraut, iii, 136.
SCHAEFFER, Nathan C.,
   Address by, v, 101.
   Biographical sketch of, iv,
   179.
SCHANTZ, Franklin Jacob
   Fogel,

Index to Subjects. 99

Address by, i, 71; iii, 119; vi, 111.
  Biographical sketch of, iv, 179.
  Prayer by, iii, 7.
SCHMAUK, Theodore E.,
  Address by, v, 11.
  Biographical sketch of, iii, 179.
SCHULTZ, Charles Bagge,
  Biographical sketch of, iii, 180.
SCHOBER, Frederick, [180.
  Biographical sketch of, iv,
SCHROPP, Abraham Sebastian,
  Biographical sketch of, iv, 180.
Schuylkill Valley, The, v, 85.
Schwenkfelders, The, ii, 38.
Secretary, Annual report of, ii, 22; iii, 23; iv, 44; v, 37; vi, 14.
SEIDENSTICKER, Oswald,
  Obituary of, iv, 153.
SENER, Samuel Miller,
  Biographical sketch of, iii, 181; iv, 181.
SHEELEIGH, Matthias, [181.
  Biographical sketch of, iii,
  Poem by, iii, 51.
SHENK, Christian,
  Biographical sketch of, iii, 181.
SHIMER, Jacob Schantz,
  Biographical sketch of, vi, 152.
SHINDEL, Jacob A.,
  Biographical sketch of, iii, 181.
SHINDEL, Reuben Hathaway,
  Biographical sketch of, iv, 182.
SLAYMAKER, Henry Edwin,
  Biographical sketch of, iii, 182.
SLAYMAKER, Samuel Cochrane,
  Biographical sketch of, iii, 182.
  Obituary of, iv, 152.
SMALL, William Latimer,
  Biographical sketch of, iv, 182.
SMULL, William Pauli,
  Biographical sketch of, iii, 183.
STAHLE, James A.,
  Biographical sketch of, iv, 183.
STAHR, John S.,
  Address by, v, 53.
  Biographical sketch of, iv, 183.
STAUFFER, Daniel McNeely,
  Biographical sketch of, iii, 184.
STICHTER, Franklin Goodhart,
  Biographical sketch of, v, 167.
Sun Inn, Bethlehem,
  History of, vi, 44.
  Proprietors of, vi, 43.

Superstitions, Popular, v, 70.
Surnames, Pennsylvania-German, v, 121.
SWARR, David Mellinger,
  Biographical sketch of, iii, 185.
Trappe records, vi, 159, 165.
TRIMMER, Daniel K.,
  Address by, iv, 114.
Trinity Lutheran Church, Lancaster, Baptismal record, iii, 191; iv, 189; v, 173; vi, 251.
UNGER, John Frederick,
  Biographical sketch of, vi, 154.
URNER, Isaac Newton,
  Biographical sketch of, iii, 185; vi, 155.
WAGNER, John Carey,
  Biographical sketch of, iv, 185.
WARFEL, John B.,
  Biographical sketch of, iii, 185.
WEAVER, Ethan Allen,
  Biographical sketch of, v, 168.
WEIDMAN, Grant,   [186.
  Biographical sketch of, iii,
  Obituary of, vi, 126.
  Remarks by, iii, 90.
WEISER, Clement Zwingli,
  Address by, i, 62.
  Biographical sketch of, iii, 186.
WEISER, Conrad, The Heritage of, v, 108.
What I know of Pennsylvania-Germans, i, 71.
Why not "The Pennsylvania-Germans?" i, 36.
WILHELM, J. Schall,
  Obituary of, vi, 128.
WILSON, William Bender,
  Biographical sketch of, iii, 187.
WITMER, David S.,
  Biographical sketch of, iv, 186.
YOUNG, Hiram,
  Address by, ii, 87.
  Biographical sketch of, iv, 186.
YOUNG, James,
  Obituary of, v, 150.
ZAHM, Samuel Hensel,
  Obituary of, iii, 143.
ZERN, Jacob G.,
  Biographical sketch of, iv, 187.
ZIEGLER, Charles Calvin,
  Biographical sketch of, iii, 187.
  Poem by, iii, 136.
ZIMMERMAN, Thomas C.,
  Address by, i, 36; iii, 130; iv, 11, 107, 133.
  Biographical sketch of, iii, 188.
  Poem by, ii, 91.

www.ingramcontent.com/pod-product-compliance
Lightning Source LLC
Chambersburg PA
CBHW020858160426
43192CB00007B/979